JN137795

教養得本

保育のロマン街道

荒井洌●著

新読書社

Stockholm から南の郊外へ
かわいらしい保育園を訪ねて……

プロローグ

振り返ってみると、保育のことを一応の専門とするようになって半世紀。変転の時代、忙しくも速かったような、いつも悪戦苦闘の連続であったような……。

北海道から沖縄まで各地の園を訪ねたり、はるかな北欧の国々まで出かけては、自然そのもののような保育の雰囲気を感じ取ったり、子育て論の原点を知るべく東西の古典を読み込んだり。そして、気づいたことや感じ入ったことなどを何かの折に書いてみたり、それらをもとにして本を作ったり……。

そうこうしているうちに気がついてみると、いろいろなスタイルの本が数十冊も本棚に並んでしまった。厚かましくも、よくも書くことがあったものよ。少しばかり気恥ずかしい。

日本のあちこちや、北欧のあちこちを歩き回った「保育のロマン街道」での思い出や、先人が書き残したさまざまな書物を通して知ったことなどが、縦糸と横糸のゴツゴツとした手織りの布のように浮かびあがってくる。

そういうわけで、このささやかな本は保育界に身を置いた、あまりスマートとは言えない者の、トボトボと歩き続けながら書いた「旅日記」といったようなものである。

見出しは三〇だが、その内容に該当する〝拙著のタイトル〟を、それぞれの見出しのページの左脇に記した。

次の見開きのページは、その著作の中の一節である。その後に続く数ページは、現在の私の感慨や、思い出や、これからへの夢や提言、などである。

著書の発行年を確かめながらお読みいただきたい。年代は、時代の風を静かに語っているのだから。時代を確認することは、歴史観をはぐくむことにもなる。

現在の私は、全国各地で保育施設を経営する園長諸兄姉を主なメンバーとする、保育についての勉強会「ＮＰＯほいくゼミナール・21」のリーダーといった存在である。

最近、わがゼミナールのメンバーの多くは、次の世代の人たちを同道するようになってきた。バトンタッチのゾーンに入ってきた、ということか。あの頃への懐かしさと、これからへの夢とのブレンドの香りがしてきた、ということである。マイルドとは言えないかもしれないが、なかなかに個性のある味と香りも感じられる。

なお、本書の最後に「年表」が付されているが、本文を読みながら、ときどき参照していただきたい。年代観、すなわち歴史観がはぐくまれていくことは、〝保育〟についての立体的な認識が深まっていくことにもつながるはずである。

●保育のロマン街道――もくじ

1

スウェーデンなど北欧には、だれの所有する
林でも野原でも、自由に歩き回れる慣習がある

――『保育を学ぶ若い人たちへ』
家政教育社　一九七九年

きびしい自然条件

森と湖の国、白夜の国、といった幻想的なイメージとともに、見事な福祉政策をとっている国として、今やスウェーデンはあこがれの国のようです。

しかし、白夜の国ということは、裏を返せば厳しい寒さの国ということでもあります。気候条件からすれば、日本などに比べて相当なハンディを負っていることになります。農業生産物は、日本よりずっと貧弱です。

苦しかった近代の歴史

近代化はかなり遅れ、西ヨーロッパの中では後進国に属します。貧困階層にある人びとは職を求めて、他国へ流れていきました。十九世紀半ばより一九二〇年代までは、「大移民時代」と呼ばれているほどです。

移り行く先は主としてアメリカで、その数は一〇〇万を超えたと言われます。ちなみに、現在（一九七八年現在）八二五万のスウェーデンの人口は、十九世紀後半で約五〇〇万でした。それから推すと、移住した人の数がいかに大きな割合であったかが想像されます。

戦争なしの二世紀

ナポレオン戦争以来、つまり一八一四年以来、スウェーデンはいかなる戦争にも関係していません。つまり、第一次、第二次の両大戦にすら加わっていないということです。これは特筆すべき事実で、近代化以来一〇年ごとに戦争をし、そして発展してきたと称されるわが日本とは、好対照というべきでしょう。

また、一九二九年に始まった世界的な恐慌は、資本主義各国に二つの道の選択を余儀なくさせたことは、よく知られているとおりです。すなわち、軍艦をつくるべきか、あるいはダムをつくるべきか、ということだったわけですが、スウェーデンはほぼ完全な形で、福祉的公共投資に重点を置く政策をとったのでした。

公共の財産としての自由な空間

一人当たりの公園面積は、東京が一・四平方メートル、ストックホルムが六八・

三平方メートルであり、市域面積における公園面積の占める割合、すなわち公園面積率を見ると、東京が一・九％、ストックホルムが二五・九％、といった具合いです。

簡単に言えば、ストックホルムという都市は、公園が市域面積の四分の一を占めている、ということになります。

※建設省『公園関係資料集』（一九七四年）参照

〝アッレマンスレット〟(allemansrätt)

スウェーデンなど北欧の国々には、ずっと昔からとても面白い慣習がある。それは〝アッレマンスレット〟（すべての人の権利）というもので、所有者に迷惑をかけない範囲ならば、だれの所有する林でも、原っぱでも、池でも、島でも、自由に入ってハイキングをしたり、キャンプさえしてもよい、というのである。これは、現在では法文化されており、人びとの生活の中で定着している。

子どもたちは、お気に入りのよその人の草原で、自由に走り回り、あるいはイチゴを摘んだり、キノコや草花を採ってもよいのだ。キャンプも一晩だけならば、特にことわらなくてもよい、ということになっている。

考えてもみよう！　天から与えられた一定の面積の自然の広がりも、このようなルールを決めて工夫すれば、一人一人がエンジョイできる自然の広がりを、大幅に拡げることが可能なのだ。これが人の世の知恵、というものではないか。

ところで、本書は自分がはじめてものした、ハード・カバーの単行本である。カバーの絵柄は、オレンジ色をベースにしたクレヨン画で、とてもかわいらしい。よい本が出来あがってうれしかった。

しかし、この本を手に、表紙などにしばらく見ほれていて、とんでもないことをしてしまったことに気がついた。そして、唖然とした。

何が大失敗かというと、タイトルである。「保育を学ぶ若い人たちへ」が大失敗だったことに気がついた。

なぜなら、この本の内容は、自分自身は保育のことを知り尽くしていると思っておられるヴェテラン諸兄姉に向けて一矢（いっし）むくいる本であるはずなのに、「若い人たちへ」とは何たることか！　ということである。

実は、この本のタイトルは、自分と郷里が同じで、当時、大手出版社で活躍しておられた方のアイディアだったのだが、自分自身では深く考えることもしなかった。すなわち、読者というものをしっかりと想定しないでのネーミングだった、ということである。

そこで自分は、このことを出版社の社長氏に、恥ずかしながら申し述べた。すると年輩の社長氏は、「失敗は成功のもとだ」のひと言だけを静かに口にした。これには参った、と言おうか、ありがたい言葉だった。

この社長氏は、戦時中は内地や外地で陸軍の師団参謀などを務めた優秀な方だったが、正直なこと限りなく、ご自分の経歴をざっくばらんに振り返って、人生は九割が〝運〟だよ、ともおっしゃっていた。

私は、この社長氏を心の底から尊敬した。かつてご自分がとった行動で、きわめて恥しかったことを、臨場感そのままに語ってくれたからだ。あの八月十五日、終戦時にまつわることだった。

自分が心から恥ずかしく思った行動を、ずっと後輩の私ごとき者に語ってくれる、本当に驚いたと言おうか、感激に近いものだった。

ところで、本書の中に「エレン・ケイの育児の哲学」という小論文を収録したのだが、その最後のページに若干のスペースがあったので、校了直前になって、次のような一文を「補足」として書き加えた。

この本が発行される二月十日の前日、すなわち二月九日に、東京・冨山房より『児童の世紀』が発行されることになった。これは、小野寺夫婦がスウェーデン語から直接翻訳されたものである。エレン・ケイを勉強する者にとっては、本当にうれしい知らせである。

この本の発行は一九七九年の早春、もう四〇年ほど前のことになる。このことを知った小野寺百合子さんは、大変な喜びようだった。

ウプサラ大学の近くの野原で。
Sweden

2

子どもの世界には自然そのものの香りが広がり、
たっぷりとした時間がゆったりと流れて……

――『四季おりおりの保育』
明治図書　一九八三年

晩夏の風景

♪　とんぼ
　　　とんぼ　とんぼ
　　　　　この指　とまりゃあんせ

真っ赤な尾をした赤トンボがスイスイと飛び交うようになると、夏も半ばを過ぎたことが感じられます。大人たちは秋からの暮らしを思い、子どもたちは残りの夏を、あますところなく飛び回ります。夕方になると、あの歌がだれにもなつかしく、しぜんに口から出てきます。

♪　夕焼、小焼の
　　あかとんぼ
　　　……

夢まぼろしのころ、だれかの背中におんぶされて、夕焼け空の中に見たような気がする赤トンボの群れ……。赤トンボとススキは、夏に別れを告げる心しずまる風景です。

遊びのことば

昔から伝えられてきている人びとの営みの中のしぐさ、特に作業労働のしぐさには、きまってリズムがあり、また、それに合った掛けことばや、せりふがあるものです。もちつきのときのあのリズム感、重たいものを動かすときの掛け声、何かを背負って歩くときの呼吸など、考えてみればいくらでも思いつきます。

人間の生産労働には、それぞれに合った〝呼吸〟というものがあることが、このことからよく分かります。そして、それらのせりふや呼吸は、歌にまでなっていることがあります。

ところで、童謡にも同じようなことが考えられます。「ほーほーほーたるこい」とか、「いちばん星みーつけた」とか、「大寒（おおさむ） 小寒（こさむ） 山から小僧が泣いてきた」などという、メロディーを伴った味のあるせりふは、どれもみな昔の子どもたちが、しぜんに口にしていたものでした。

子どもたちの遊びの世界には、だれが教えたわけでもないのに、気分を十分に表すイントネーションの伴った、気の利いたせりふがたくさんありました。

ずっとずっと伝えられてきた、子どもたちの共有財産としての遊びのことばを、子ども時代にもどったつもりで思い出してください。ずっと忘れていた子どもの頃の心が、ふっと思い出されるかもしれません。

この本の発行は、一九八三年のこと。自分は四十代の半ば。世の中からは自然空間がどんどん破壊されていき、保育界では〝発達論〟ばかりが大手（おおで）を振るようなありさま。

明けても暮れても、声高（こわだか）な発達段階云々のキャッチフレーズばかり……。経済の膨張と、それを支える未来の労働力としての子どもの発達。

そのような時代的な背景の中で、うるわしい自然の恵みと幼児保育とを、素朴な手法ながらジョイントさせようとした健気（けなげ）な一冊『四季おりおりの保育』を書き上げてみた。

後になって、明治図書から「シリーズ・保育園生活のデザイン」という通しのタイトルで十二冊の本を出すことになるのだが、その切っ掛けになったのがこの本である。言うなれば、記念ともなった一冊である。

その頃の自分は、すでにスウェーデンなど北欧の国々を歩き、保育園を巡り歩いていた。そして、まずは園庭は緑ゆたかに、さらには自然の土地の起伏がそのまま生かされていることなどに、すっかりほれ込んでいた。

あるいは、園の一日はおだやかな日常生活をベースにしており、保育者の掛け声のもとにすすめられていく日本式一斉保育の雰囲気など、まるで、まるで、感じられなかった。

ところが、こちらは「ねらい」だの「予想される子どもの姿」などといった、大量生産工程を思い浮かべてしまうような感覚が、保育の世界の一般的な雰囲気である。「あぁ、何たることか！」と、出てくるものはため息ばかりであった。

考えてもみよう。ものごころが着きはじめる頃の幼い子どもたちが、キンダーガルテン（子どもたちの園（その））という、子どもたちにとってのうるわしい出会いの場で日々を楽しく過ごすということは、大人社会から子どもたちに向けての最良のプレゼントとは言えないだろうか。子どもたちのナイーブな心の曲線と、子どもたちをやさしく包み込もうとする心あたたかな保育者の心根にとって、キンダーガルテンでの日々は、しあわせそのものの空間と時間であるべきである。

さらには、人びとの生命を包み込んできた、自然界からの香りと生命力とドラマティックな季節の変容ぶりとを、キンダーガルテンの日々の生活の中に、たっぷりと取り入れるのが本当なのではあるまいか！

というわけで、『四季おりおりの保育』というタイトルにしたのだが、いま読み返してみると、筆づかいはまことに稚拙ながら、純朴そのものである。

冬のページを開いてみようか。タイトルは「一月の風景」である。

武蔵野の北西部、赤城山（あかぎやま）が真近かに見える養蚕地帯。小高い丘には桑畑が広がっている。桑の木は、冬のあいだは丸坊主になって、有名な赤城おろしの空っ風が吹き抜けていく。

♪ まんまるお山の
桑畑

きれいに並んだ
福寿草

♪　まあるいお目々の
福寿草
みんなで空を
見あげてる

この地帯の桑畑の、冬の間作（かんさく）は福寿草だ。日本の正月を飾る福寿草の大部分は、このあたりで栽培されている。強い、冷たい風が吹き抜けていく下で、乾いた土の中から黄色い花がパッチリと開く。なんとも健気（けなげ）な花だ。

並んで咲いているところなどは、まるで純真無垢な子どもたちが、元気に大空を見上げているかのようだ。思わず、歌にしてみたくもなる。

※引用の歌のタイトルは「福寿草」。　作詞は、荒井きよし。

この気持ちよさ、どのように表現すればよいのか……。
Sweden

3

おさな子が、少ない語彙をいろいろな場面で
つかってみようとする、創造的な知的活動

『育児と保育のあいだ』
～子育ての知恵に学ぶ～
川島書店　一九八四年

成長における量と速さ

大きいことと早いこと、この二つはあわただしかったこの数十年のあいだの、私たちの物を考える上での価値基準だったような気がします。

エネルギーは多いほど良いし、身体は大きいほど良いし、知識の量も多い方が良い。

早いうちから何でも教え込んだ方が良いし、勉強のカリキュラムは早く進んだ方が良いし、幼い子どもたちにも過密なダイヤがあてがわれる。

急げや急げ、そして何でもかんでも手に入れろ、という社会の風潮が、私たちの子どもを育てる気持ちをも包み込んできたように思えます。

その結果は、ある園の園長先生が話してくださったように、保育者が日常いちばん多くつかうことばが「はやく！」と「がんばって！」というぐあいになってしまったわけです。あなたはどうですか？　ご自分が一日の保育の中で、しょっちゅうつかうことばを振り返ってみてください。

ところで、終戦直後にノーベル物理学賞を受賞したことで有名な湯川秀樹さんの書いたものの中に、お孫さんのつかうことばについて、たいへん興味深い内容のものがあります。（「離見の見」、講談社文庫『自己発見』所収）

というのは、湯川さんが歩いて行ったりすると、かわいいお孫さんはそれを見て「ヨーイ、ドン」と言うのだそうです。つまり人が歩いたり走ったりする行為を、その子はすべて「ヨーイ、ドン」で表現するというのです。それはたぶん、外で近所の子と駆けっこか何かをしたときに、この表現を覚えたからだろうというわけです。

このことについて、普通の感覚で物差しを当ててみると、きわめて語彙が少なく、言語の発達段階はまだまだということになるのでしょう。

ところが、湯川さんの見方は違います。語彙が少ないがゆえに、それをいろんな所へ応用してつかうという、実に創造的な知的活動をしているというのです。湯川さんは、幼い子どものこのような行為の中に、人間の創造力の芽のようなものを読み取っています。

少ないことばを、ゆっくりと十分に活用する。そのような一見のろのろとした貧弱に見える子どもの行為が、実のところは味わいの深い、そして底力のある知的活動だということなのでしょう。

それは、一つの小刀(こがたな)でゆっくりと時間を掛けて、何でも作り上げた昔の子どもたちの、味わい深い創造的な生活を思い起こさせます。

成長における量と速さの哲学を、じっくりと立て直してみたいと思います。


『育児と保育のあいだ』というタイトルで、一冊の本をまとめたことがある。一九八四年の発行だから、もう三五年も前の執筆ということになる。ひと時代前の伝統的な子育ての影像が、まだわれわれの眼底に残っていた時代である。

ちなみに筆者である自分自身は、第二次世界大戦が終結した一九四五年までには幼児期を終えているので、まぶたに浮かんでくる乳飲み子を胸に抱く母親たちの影像などは、子育てのシンボルそのものであった。

ということもあってか、私には育児の文化と保育の文化とを対比的にとらえたくなるマインドがある。このことを比較文化論的なセンスで言うならば、いまの保育とむかしの子育てとを対象にしての文化論的な探究なのだから、とにかく無意味なことではあるまい、と思っている。

ところで、育児用語などとあらためて言うまでもないが、赤ちゃんを相手にしての〝ことば〟としては、どんなものが原点だったのだろうか。思い出してみることにしよう。

まずは「だっこ」だ。それから「おんぶ」。そして何よりも「おっぱい」。欠かせないのは「ねんね」だ。「寝る子は育つ」というストレートなことわざがあった。

赤ちゃんに力が着いてくると、「ハイハイ」あたりだろうか。元気よく力いっぱいにハイハイをしている赤ちゃんを見ていると、そのたくましい成長ぶりに、取り巻いている大人たちの目が細くなる。自分などは、高校時代に「生物」で学んだ、壮大な進化論を思い出したりもする。

母親などによる赤ちゃんをおんぶする姿は、現代の都市化した光景からは消え去りつつある。そのうちにおんぶは、子育ての歴史に見る育児文化の映像記録として観照する、ということになるのだろうか。

しかし、日本の「おんぶ」については、広く世界の識者が注目し、かつ丹念に記録されていることを忘れてはならない。

古くは十六世紀に、ポルトガルからはるばる日本にやってきた宣教師のルイス・フロイスは、「われわれの間では、普通大人の女性が赤児を首のところに抱いて連れていく。日本では、ごく幼い少女がほとんどいつでも赤児を背につけていく」（『日欧文化比較』）と記録に残した。

明治時代の初期にアメリカから来日し、まずは大森貝塚を発見したことで有名な生物学者であるモースは、「彼らは母親か、より大きな子どもの背中にくくりつけられて、とても愉快に乗り廻し、新鮮な空気を吸い、そして行われつつあるもののすべてを見物する」（『日本その日その日』）というように、リズミカルに描写している。

昭和戦前にドイツから来日した建築家のブルーノ・タウトは、桂離宮のすばらしさに感激して世界に紹介したことで知られるが、彼は「おんぶ」についてユニークな、そしてダイナミックな感想を書き残してくれた。

「子どもたちは、母親の一挙一動を見守っているので、いちいち説明しなくても、これらの動作の意味がわかるようになるのである。……こうして日本の子どもは、何も見ないで揺籃（ゆりかご）の中に置かれたり、腕に抱かれたりしているほかの国の子どもほど退屈することがない」（『ニッポン』）という具合である。

さらには、第二次世界大戦のさなか、アメリカの女性文化人類学者であるルース・ベネディクトによって執筆された『菊と刀』には、次のような一節がある。

「母親は自分が誰かに挨拶を返すおりに、赤ん坊の頭と肩とを前の方へ動かして、赤ん坊にもおじぎをさせる。嬰児はいつも仲間に入れられる。」日本の子育てについての、何と見事な洞察であったことか！

その昔は貴族のお屋敷、現在は保育施設。
Germany

4

遠い昔の人たちは、「かごめ　かごめ」のような
何かおまじないスタイルのことをしていたらしい

――『園で楽しめる伝承あそび』
ひかりのくに　一九八六年

遊びの素材と、遊びの場

〽　おひとつ　おひとつ……
　　おふたつ　おふたつ……
　　おっさらい……

　何のうたい文句だったか、思い出しますか？　もちろん、お手玉遊びの文句ですよね。

　お手玉遊びといえば、ちょっと驚いたことがあります。それは、私の勤務する学校の女子学生の多くが、片手でふたつのお手玉を交互に投げ上げる、例のお手玉のひとり遊びができないのです。これには驚きました。ごくしぜんにできてしまう私の方が、何かちょっと恥ずかしいくらいです。世代の違いです。

　このお手玉遊び、もとはといえば石ころの遊びだったようです。名前も〝石投子（いしなご）〟とか〝石投取り（いしなどり）〟とか言われていました。

お手玉遊びのルーツが石ころの遊びだったように、石ころを使った遊びは無数にありました。明治時代にアメリカからやって来た文学者ラフカディオ・ハーン（日本名―小泉八雲）は、『心』という作品の中に次のように書き記したほどです。

「どこの子どもでも、あるいは年頃になると、たいていのものが石をおもちゃにする。ほかにどんな玩具があっても、日本の子どもは、よく石で遊ぶ。石というものは、子どもごころに、じつに不思議なものなのだ。」（岩波文庫による）

子どもは、水辺に行けば手頃な石ころを拾って、〝水切り〟をして遊びました。いくつかの石ころを積み上げては〝石づみ〟という遊びを作り出し、それを崩していくのが〝石くずし〟という遊びになり、これが後には、将棋の駒を使っての〝山くずし〟になりました。

また、女の子がかわいい小石をはじいて遊んだのが、もちろん〝おはじき〟のルーツというわけです。

このように、子どもたちは自分が今いる場所で、そこにある物を使って、どんどん遊びを作り出していきました。ですから遊びの発明者は、子どもたちの先輩である昔の子どもたち、ということになります。

考えてみると、あたりまえですね。第一、遊びは作り出すところに、まずもって面白みがあるのですから。

忘れていた伝承あそびを掘り起こしていくと、私たちはもう一度子どもの心に帰れたような、そんな楽しさに浸れます。今の子どもたちの先輩である〝少し昔の子ども〟として、なつかしい遊びのいろいろを後輩たちに伝授していくというのはどうでしょうか。


北欧の国々に出かけるようになった頃、あちらの保育園の子どもたちの遊びを見て、驚くことがいろいろとあった。

まず驚いたのは、「石けり」であった。園庭の一隅に「石けり」のための図がしっかりと描かれているのを、あちこちの園で目にしたからである。

そこで、「石けり」について少しばかり調べてみると、ルーツはヨーロッパのギャンブルにあるらしい、ということを知った。つまり、日本はこの遊びの輸入国ということになる。開国、そして文明開化の流れの中でと考えると、さもありなむ……、と納得することにした。

ストックホルムの郊外の園で、「竹馬」遊びのための道具がたくさん用意されているのを見て、これまた驚いた。

日本のそれと違うところは、日本では足がかりの上に足を正面からのせるのだが、あちらでは足を足がかりにクロスしてのせるため、竹の棒の持ち方は、正面を向いて持つのではなく、両脇にかかえ込むようにして持つのである。これは、やってみるとすぐわかる。

このようなことを文字だけで説明するのは実に難しいのだが、少年時代に遊び興じた方々なら、すぐに分かるはずである。自分は現地で、みんなの見ている前で、あちら式のやり方で乗ってみたのだが、すぐに歩き出すことができた。三つ児のたましい、スウェーデンにてよみがえり！　であった。

そんなことを体験しているうちに、子どもの遊びというものは、存外、インタナショナルなんだなぁ、と思うようになった。

インタナショナルといえば、太平洋戦争の開始を告げることになった〝パール・ハーバー〟からほどなくの一九四二年二月に出た本、柳田国男著『こども風土記』（朝日新聞社・刊）が、最初に取り上げている遊び「鹿・鹿・角・何本」は、日本の古くからの遊びなのだが、これがなんと世界中に広く分布していた、というのである。

国名を挙げると、ドイツ、イタリア、スウェーデン、トルコ、スコットランド、アイルランド、アメリカ合衆国、フランス、ベルギー、オランダ、ギリシャ、セルビア、ヘルツェゴビナ、エストニア、スペイン、ポルトガル、といった具合いである。

私はとても興味深いことなので、学校の講義の中でこのことに触れると、教室にいたある女子学生が「小さいころ、この遊びをしました」と言うのである。

そこで詳しく聞いてみると、彼女が幼いころ（一九六七年～一九六八年ごろ）、埼玉県の川口市（東京都の北部に隣接）で、友だちとよく遊んだというのである。私は驚き、早速、文句の節回しと、遊び方を具体的に描いてもらった。

ともかく「鹿・鹿・角・何本」は、ごく最近まで、実際に、しかも分布を拡げて存在していたことがわかった。
※『こども風土記』は、岩波文庫で読むことができる。

忘れられていた古くからの遊びを掘り起こしていくと、子ども心の昔に戻ったような、そんな楽しさに浸れる。また、昔の子どもとして、後輩である今の子どもたちに、素朴でありながらなんとも愉快な遊びを伝授することは、これまた大いに愉快なことでもある。

このことは、子ども同士でも同じである。すなわち、大きな子や小さな子が一緒になって、自由に、のびやかに、軽やかに遊べなければならない。こざかしくも発達段階云々の小理屈で、遊びの空間や内容やメンバーまでもが常に仕切られたりしていれば、それはそれ万事休す、というもの。

願わくば、発達段階云々たる用語よ、どこか遠くに飛んでいけーー！

子どもたちの遊びのセンスは、インタナショナルだ。

Sweden

5

他人の家に奉公に出され、赤子を背に、そのままの姿で通学した子どもたち

——『保育の時代と育児文化』
相川書房　一九八六年

子守教場についての記憶

一九八五年の早春、まだ福島県の山沿いには雪が残っている頃、郡山から磐越西線に乗って三つめ、磐梯熱海(ばんだいあたみ)駅にほど近いところに住む阿部　信(のぶ)さんを訪ねた。

彼女は明治四三年二月生まれの満七五歳。父親が安積疎水(あさかそすい)関連の仕事中に事故死した後、郡山に子守奉公に出された。そして、子守教場には大正七年の夏から大正十二年三月まで、すなわち小学校二年生の途中から卒業時まで通学した。

記憶はまことに詳細にして正確であり、賞状類、通信箋等もすべて保管してあった。証言の主な内容は、以下のようなものであった。

〈児童の姿〉

- 児童……全員女子であった。
- 服装……全員着物。赤ちゃんをおぶうねんねこを着用。
- 髪型……いちょう返えし。赤ちゃんをおぶう際は、手ぬぐいで結ぶ。
- 持物……学用品（帳面、鉛筆、筆、墨、裁縫用品、など）は、ふろしきに包んで持参した。

・弁当……持参した記憶はない。したがって、授業は半日と推定される。

〈授業などの光景〉

・先生……大友先生（男性）、根本先生（女性）。

・科目……国語、算術、歴史、地理、理科、習字、裁縫、算盤（そろばん）、唱歌、図画、工作、体操、遊戯、など。

・授業……授業中も、生徒は赤ちゃんをおぶっていた。泣き出したりすると、廊下に出てあやす程度だった。二〜三歳になって一人で遊んでいられる子は、校庭の砂場などで遊ばせておいた。

・遠足……子守教場の児童だけで出かけた。その日だけは、赤ちゃんは連れていかなかった。赤ちゃんから解放された一日であった。

保育史と教育史のはざま

考えてもいただきたい。今でならば小学校の低学年に当たる子どもが、口減らしのために他人の家に奉公に出され、そこの家の赤子を一日中背中にくくりつけられて生活する。しかも義務教育制度は、その子どもたちをも、そのままの姿で通学させようというのだ。現代の子どもたちとは、まるで栄養状態も異なっていたのに、である。

ところで、なぜ自分は「子守学校」のことを、本気になって調べる気になったのか。単なる学校教育史についての研究者的興味からではない。自分は幼いときから、「子守学校」のことについて母親たちから聴かされていたからである。

私は、福島県郡山市の生まれである。古くさい言い方になるが、遠い祖先からこの地で暮らしていたようで、加えて自分は太平洋戦争開始以前の生まれなので、昔からの話をたっぷりと耳にしながら育ったということである。ちなみに、私たちきょうだいはねえやに育てられた。

♪十五で姐やは／嫁に行き／お里のたよりも／絶え果てた。（三木露風「赤蜻蛉」大正一〇年）

この歌を口ずさむと、縁側でねえやに遊び相手になってもらっていた情景がまぶたに浮かんでくる。

本稿のはじめに述べた阿部　信さんは、子守り奉公のためにわが家に連れてこられた人である。私たちの親の世代が幼かった、大正時代のことである。

わが家にいたのは大正七年から大正十二年までなので、三木露風の歌はその間の大正一〇年、ちょうどその頃ということになる。すなわち、その頃は日本のあちこちの町で、いたいけな女の子たちが子守り奉公に日々を過ごしていた、ということになる。近代化を急ぐ日本は、このような状況をバックグラウンドにしていた。あぁ、そういうことなのだ……。

祖母や伯母など昔の人たちの語るところによると、奉公のために親に連れてこられた女の子は、親が子どもを置いて帰ろうとすると、泣き叫んで親につかまろうとする。それを周りの人たちがむりやり押さえつけて、引き離す。女の子は声を限りに叫けび続ける。親は姿を消す。女の子は泣き続け、叫び続けて、声も出なくなる。あげくは、疲れ切って、そのまゝの姿で寝入ってしまう。

このような女の子たちは、満年齢で言えば七つ、八つ、くらいということになろうか。このような状況を前提にして、〝子守教場〟という名の義務教育は、公的に運営されていたのだ。

軍備増強など堂々たる大日本帝国のすそ野には、いまだあどけない女の子たちの、声を限りに泣き叫ぶ声があったのだ。

福島県郡山市の「子守教場」の歩みを概略記すと、次のようになる。

明治三四年五月

郡山町は、郡山第一尋常高等小学校内に、子守教場を開設。年限は四年。子守児童の応募は予想外に多く、同年度の入学児童は二五五名に及ぶ。そのため、専任の教員を置くことになった。なお、午前・午後の二部授業であった。

明治三六年四月

郡山第二尋常高等小学校（女児のために設置された小学校）の付設となる。

明治四〇年七月

独立校舎に移転。二教室を使用。

明治四一年四月
　小学校令改正（明治四〇年三月）に伴い、六学年までとなる。
大正十二年四月
　町立としての子守教場を廃止し、以後「私立郡山子守学校」となる。
昭和十七年三月
　入学者減少と財政的困難により、廃校。
ちなみに、昭和十六年の暮からは太平洋戦争が始まり、経済活動はひっそくし、女の子を雇うなどという状況はなくなっていた。

ところで、自分の遊び相手をしてくれたり、衣服の脱ぎ着などの面倒を見てくれたねえやは、今ごろどうしているのだろう。もし健在ならば、そろそろ〝米寿〟か〝卒寿〟といったところかなあ……。

手作業などを教え込んだ、昔の幼児学校。今は保育園として。

Sweden

6

日本の子どもは号令一下のミツバチ集団、あちらの子どもは花から花へ飛び交うチョウ

『新世代の保育をデザインする』
〜スウェーデンの試みをヒントに〜
筑摩書房　一九八八年

活動ステイションとは何か

〝活動ステイション〟とは、筆者が一応訳出してみた言葉だが、スウェーデン語のオリジナルは〝aktivitetsstaitioner〟である。

この言葉の持つニュアンスを保育の場のこととして考えてみると、それは子どもたちが何かの遊びにふけっている、その活動の場のことを示しているのである。たとえば、それは砂場であり、立ち木の下であり、屋内のどこかの部屋であり、あるいはホールなどであったりする。すなわち〝活動ステイション〟とは、それぞれの雰囲気をもつ〝場〟や、それぞれに用意された〝素材〟の魅力にひかれて集まった子どもたちによって、遊びが誕生し、そして継続される、子どもたちにとっての遊びの根拠地のことである、と言ってよいだろう。

日本の保育の現場でのやり方に照らして、その違いを分かりやすく言うならば、「保育者が保育室で、そのクラスの子どもたち全員に、計画に沿って、用意した素材を使い、何かの遊びを一斉にさせる」という日本での一般的なやり方とは、〝活動ステイション〟はちょうど正反対のやり方であると考えればよいと思う。

つまり、「子どもたちめいめいが、どこか好きな所に行って、そこに集まり来たった子どもたちや先生と、その場やそこにある素材とともに、自由に遊びを楽しむ」という光景なのである。

日本風のスタイルをハードな雰囲気なものと表現するなら、あちらのそれは極めてソフトな感じのもの、と言うことも出来るだろう。たとえをつかって言うならば、日本の子どもたちは号令一下のミツバチ集団であり、あちらの子どもたちは花から花へと飛び交うチョウなのである。

チョウで思い出すのだが、幼い子どもたちが、田園牧歌、草花の咲き乱れる中を軽やかに遊び戯れる姿をイメージした懐かしい唱歌「蝶々」を、ここらでちょっと一服ということで口ずさんでいただきたい。

♬　ちょうちょう　ちょうちょう
　菜の葉にとまれ
菜の葉にあいたら　桜にとまれ

桜の花の　花から花へ
とまれよ　遊べ　遊べよとまれ

いかがであろう。掛け値なしに、子どもの園――Kindergarten――とは、かくありたいと思うのだが……。

今からすると、ちょうど三〇年前のことになる。筑摩書房から一冊の本を出させていただくことになった。うれしかった。一九八八年　初夏、という日付で「あとがき」を書いている。

東京は御茶ノ水のニコライ堂から少し南にくだった所に、筑摩書房はあった。意外にも木造の二階建てで、ギシギシと階段を登った。

筑摩書房は、文芸関係のしにせである。小生のごとき者の保育談義など、まちがっても出すはずはない。ところが、どうころんだのか、編集部のT・O氏は、わが拙い草稿を引きずり出してくれることになった。感謝の至りである。

本が出来あがってきて手渡されたとき、おまかせしておいたカバーのデザインには驚いた。

スウェーデンの保育園のひろびろとした緑の園庭で、はだかになった数人の子どもたちが、女の先生が本を読んでくれているのに耳を傾けている写真が使われている。日本ではまず見られないような、広やかな、のびやかな、おおらかな光景である。いかにもスウェーデンらしい。わが勉強グループの一人が撮った、傑作の一枚ではある。

はだかになった子どもたちの影像は、大胆と言えば少しばかり大胆かもしれないが、ひろびろとした緑の園庭でのしぜんなスナップ・ショットは、われわれの平凡な常識からすればユートピアそのものである。

私が大いに驚いたことは、そのことだけではない。その写真と本書のタイトルの文字とが、三〇度くらい斜めに傾かせてあることだ。そのわけをきいてみると、いわく「荒井さんの原稿は、日本の保育のありようを大胆に切っている。見事に切るには、斜めに切った方が……」これには恐れ入った!

本書の内容は、書名のサブタイトル「スウェーデンの試みをヒントに」に沿ったものであり、次のような一〇のテーマを立ててみた。

Ⅰ　福祉政策の流れと幼児保育の歩み
　――〝大移民時代〟を乗り越えて
Ⅱ　家庭生活をモデルにした保育所
　――〝昼間の家庭〟で過ごす子どもたち
Ⅲ　日常労働を中心にした保育
　――〝雑事〟の持つ価値の見直し
Ⅳ　異年齢児によるグループ編成
　――〝きょうだいグループ〟での生活
Ⅴ　一斉保育の否定
　――〝活動ステイション〟で自由に遊ぶ
Ⅵ　幼児期の性教育

――〝不必要な偏見〟を与えないこと

Ⅶ　父母の保育への参加

――〝参加〟による本当の理解

Ⅷ　座談会・スウェーデンの保育園の実際を聞く

――スウェーデンの保育園長を囲んで

Ⅸ　遊び場の存在意義

――〝子どもの牧場（まきば）〟と〝プレイグラウンド〟

Ⅹ　新しい世代と幼児保育

――さわやかに、そして愉快に

第二章のサブタイトルにある〝昼間の家庭〟は、スウェーデン語の〝daghem〟（ダーグヘム）を私が訳したものだが、当時はスウェーデンの保育園のニックネームであった。これを単純に「保育所」と訳したら、せっかくのネーミングが台無しになる。「昼間の家庭」とすれば、雰囲気も紹介したことになる。

小さな子どもたちのランチ・タイムです。
Sweden

7

子どもに対して、倍まさりの者、
という見方をしているだろうか

――『愛される保育園生活をつくるために』
ひかりのくに　一九八九年

私たちは無意識のうちにも、保育者に対してある一定のタイプを求めているような気がします。しかし、それが果たしてよいことなのかどうか、考えてみたことはあるでしょうか。このことを、少々掘り下げて考えてみようと思います。

子どもに対して〝倍まさりの者〟という見方をしているだろうか

旅の魅力といったら、いったい何なのでしょうか。それは思わぬ何かに出会えること、と言ってもよいでしょう。このことは、人生の喜びにとてもよく似ています。

それでは、今さらのことですが、子育ての喜びは、と聞かれたら、何と答えますか？　それもきっと、子どもがつぎつぎに見せてくれる新鮮な思わぬ何か、ではないでしょうか。

ところで「倍まさりの者」という言葉を聞いたり、つかったりしたことはありますか？

日本の民俗学の父として有名な柳田国男は、育児文化の本の中で、この言葉を

味わい深くつかっています。（大藤ゆき著『児やらひ』岩崎美術社、の序文「四鳥の別れ」参照）

その意味は、われわれの次の世代の者は、われわれの想像を超えた社会において、これまたわれわれの想像を超えた人間的な成長を遂げるだろう、ということです。〝倍まさり〟という表現には、予期せぬ未来への夢を込めた素晴らしい響きがあります。

予想もつかぬ成長を楽しみに待つ、これぞ子育ての醍醐味だと思うのですが。

子どもたちの多様さゆえの魅力を、心底味わっているだろうか

子どもたちは、ひとりひとり、生まれもったユニークな表情、ユニークな動き、そしてユニークな感覚を持っています。十人十色とは、まさにこのことを言い表した言葉なのでしょう。そして、これこそが人の社会が持ち続けるエネルギーや、おもしろみの源なのだと思います。

園児たちの、この多様な個性の集まりが醸し出す雰囲気を、保育者として十分に堪能（たんのう）しているでしょうか。せっかくの個性、すなわち多様性を、「みんな」あるいは「○歳児とは」などという類概念で押しつぶしてしまっていることはないでしょうか。

あるいはまた、〝個人差〟という単なる量的な差異に還元してしまっていることはないでしょうか。個々の人間を〝差〟という概念でとらえる風潮は、数量化時代のもっとも悲しいことのひとつだと思います。

この本の原稿を書いていたのは、今から三〇年ほど前のこと。ずばり、自分がミドル・エイジの頃である。人生の流れというものについて、かなり分かってきたつもりだったのか、どうだろうか。子どもは〝未来〟というものをたっぷりと抱え込んだ存在だということを、真底、認識していたのかどうか、ということである。

とにかく〝未来性〟という感覚を保育におけるキー・ワードにしようと、書き込んではいる。次のような具合である。

「幼児保育という営みは、その本質が〝未来性〟に富んだ営みであるということです。仕事そのものが常に〝未来性〟をはらんでいるということは、実に愉快なことですし、また、実に意味深いことでもあります。」

ここで、保育のありようを考える、私たち自身による自己認識について思索してみたいのだが、私たちの心というものは、いつの時代にはぐくまれたものなのか、ということである。

ミドル・エイジさなかの者、ミドル・エイジを越えようとしている者、あるいは、すっかり越えてしまった者は、口を開ければ「近ごろの若い者は……」とか、「今の子どもたちは……」というように、後からやって来る立場にいる人たちをマイナスのイメージで捉えようとするのが一般的である。

しかし、若い人たちに対しての優越感らしきものに支えられて、自分自身の存在意識を維持するわれわれは、時代遅れの存在として否定的に扱われるのはまもなくであることは歴然としている。

考えてもみよう。人間というものを、流行しているコスチュームか何かのように見るのは、なんともなさけない。むしろ流行、すなわちファッションはファシズムに通ずるという、歴史が養ってくれた慧眼をこそ大切にすべきである。

目の向けどころは、むしろファッションなどを除外した、人間存在の根底に流れる人間性そのものではないのか。ならば、まだ見ぬ時代に想像もつかないライフ・スタイルをこなすことになる子どもたちには、可能な限りバライエティーに富んだ、人間味そのもので対応することではないかと思う。

話は明治時代の初期にさかのぼるのだが、初等学校（小学校）を全国に設置したのに対応して、師範学校（教員養成学校）を作るに際し、ときの文部大臣である森有礼は、師範教育のモデルを軍隊教育に置いたことはよく知られている。

ということは、〝国民皆兵〟という方向のためには、完璧であったということになる。そのことは、すなわち半世紀あまり後の、全国民を巻き添えにした悲惨な結果をもたらすことにもなった。国を挙げての〝教育〟は、人びとの心そのものを、そっくり然るべき方向にいざなってしまったということである。

ところで近ごろ、自分には〝教育〟という言葉が、やけに耳触りに感じられるのだが、いかがだろうか。つまり子育てにあっての初期の営み、すなわち〝育児〟あるいは〝保育〟は、人間としての親子の成長にとっては肝心かなめのものなのだが、そのことを措いて、したり顔で幼児教育云々を連呼する昨今の風潮は、どうにも腑に落ちない。「教育」の乱用である。

一般に、常に歴史を振り返っているインテリゲンチャは、〝教育〟という概念や用語をやたらにはつかわない。教育の名のもとに、貧弱な、あるいはインテリジェンスの伴わない教育がなされてきたことを、しかと認識しているからである。ちなみに、七〇年あまり前までの国定教科書を見よ！　である。

「おっぱい」「だっこ」「まんま」「ハイハイ」「いい子、いい子」などなどをシンボルとする育児文化、すなわち保育文化にこそ、姿勢を正して注目するのが本物のヒューマニズムだと思うのだが、読者諸兄姉はどのように考えておられるだろうか。

「余暇の家」（学童保育）の子どもたちと。
Sweden

8

西洋の名著で日本語に翻訳されているものを
読み、これは！　と思う言葉をメモしておいて

――『名言に学ぶ生き方〈西洋編〉』
あすなろ書房　一九八九年

本書を読むみなさんへ

人は、人生を生きていくあいだに、多くの苦しみや喜び、あるいは、つらさやうれしさといった、いろいろな関門をくぐり抜けていきます。そしてある時、はたと自分にとっての確かな何かに思い当たり、そのことを深く心の中に積み重ねていきます。

昔からすべての人びとは、このような心の営みを続けてきたのだろうと思います。そして、それらのうちのいくつかは、書物の中に文字として残ることになりました。それらを、私たちは普通〝名言〟と呼んでいます。

西洋の名著といわれている本で、日本語に翻訳されているものを読んでいきながら、私なりにこれは！ と思われるものをメモして集めてみたのがこの本です。

そして、それらについて私の感ずることや思うこと、あるいは若い方々にちょっとだけ言ってみたいと思うことを書き加えてみました。

配列の順は、歴史的に古いものからということにしてみました。そういうわけで、最初は紀元前五世紀に生を受けたプラトンということになります。

すると、まったく偶然のことなのかもしれませんが、不思議なことに気がつきました。それは、ギリシャ・ローマ時代から後、ルネサンスに至る千数百年のあいだが、まるで抜け落ちているということです。これには、執筆している私自身驚いてしまいました。私の読書量の少なさが大きな原因であろうということは言うまでもありませんが、それにしても実に興味深い偶然です。西洋の思想の歴史といったものへの興味が、ひとつプラスされたような気がしました。

35冊におよぶ名訳から、貴重な訳文を引用させていただいたことを、翻訳という大変なお仕事を成し遂げられた諸先生に、厚く御礼申し上げます。

そして、この本を手にしたみなさんには、今度は、これらの翻訳の本そのものを、直接読んでみることをお勧めしたいと思います。もし難しすぎると感じたなら、その書物を書棚に大切にしまっておいてください。何年か後には、必ず夢中になって読みふける時が来るはずです。

では、プラトンからボナールに至る西洋の35人の人びとが私たちに残してくれた〝名言〟を、じっくりと味わってみることにしましょう。

こんな本を作ってもらいたいと出版社から頼まれているのだが、のってみるかい？　と大学の先輩でもある大先生から誘われて、のってしまって出来あがったのがこの本である。

大変な苦労をしょい込んでしまったと思ったが、やるっきゃない、というわけで、読んで、読んで、読んで、とうとうちょっとした段ボール箱がいっぱいになるほど、○○文庫や△△新書などを読み返えしていった。

学生時代やしんまい先生時代に、求めては傍線を引き引き読んだものなどは、今となっては、懐かしい限りだ。加えて、鉛筆で傍線を引くこと、これは実によろしいことである。その本を読んでいた頃の自分の考え方や感じ方、さらには周囲の状況などさえも思い浮かんでくる。読書での傍線は、大いなる記録である。すなわち、読書に鉛筆は欠かせない。舟には櫂(かい)、読書には鉛筆、である。愛する鉛筆たちよ、密(ひそ)やかにも永遠なれ！

さて、さて、なつかしい名言を少しばかり読み直してみようか。時は、ローマ時代。

君が自分に楽しい思いを
させてやりたいと思うときには、
君と一緒に生活している人々の
長所を考えてみるがよい。
マルクス・アウレーリウス『自省録』

※岩波文庫／神谷美恵子・訳

紀元をはさんで前と後の二〇〇年ほど、"Pax-Romana"と呼ばれたローマ帝国の最盛期を過ぎると、多事多難の時代へと移っていく。時の皇帝マルクス・アウレーリウスは、文字どおり東奔西走。その中で時間をみつけては自らのためにいいい書き記したものが、この『自省録』である。

人の長所を心地よく感じているときは、自分自身の心も洗われているという、まさに名言中の名言。

歴史をひもといていくと、大権力者にさえもこのようなヒューマンな人物がいたのだ！　ということを知る。
さて、もうひとつの名言。これは、つい最近、二〇世紀前半のフランスだ。

私はこういう少年が好きだ。
つまり、困難にうちかちながら反省し、
曲がり角をまちがったときには
まずは「ぼくのまちがいだった」と言い、
自分の過失をさがし、
心から苦しむような少年だ。

　アラン『幸福論』

※白水社　アラン著作集2／串田孫一・中村雄二郎・訳

曲がり角をまちがったときには、まず「ぼくのまちがいだった」と言い……。

このような姿勢で、少年時代や青年時代を過ごしてきたとしたら……。あ、！人生も終わりに近くなってきて、アランのこのフレーズをいとおしく読み返えすばかりだ。

アランは、日本で言えば旧制高校といった学校の先生をずっと続けた人。だから、いろいろな分野で活躍することになった人たちが教え子ということになる。それはそれ、大いなる働きがいである。

教室は、どんな雰囲気だったのかなあ？　かなりシニカルなジョーク、それに思いきり明るい笑い声もあっただろう。受講した学生たちは後(のち)になって、受講したことを大いなる誇りとしたはずだ。

アランの言葉を、少しばかり追加しておこう。

「自分の過失にまっこうから立ち向かって、『おれは全く馬鹿だった』と言う人たちは、そうした経験を消化して、強くまた快活である。」

ワイマールの、ゲーテ・ハウスの中庭にて。
ときには、ゲーテを読むくらいの余裕こそ……。
Germany

9

希望の泉は枯れず――Hope springs eternal.
くり返し口にしたくなる、心地よい表現だ

――『ことわざに学ぶ生き方〈西洋編〉』
あすなろ書房　一九九〇年

Hope springs eternal.

「希望の泉は枯れず」、いい表現ですね。何回繰り返して言ってみても、心地よい響きです。

〝泉〟というのがいいですね。あなたは泉のわき出しているところに行って、手で水をすくって飲んだことはありますか？　私も最近は、ときおり観光地などで目にする以外、まるで見る機会がなくなってしまいました。

私にとっての泉の思い出といえば、小学校低学年の少年のころのことです。あの大きな戦争の直後で、何の娯楽もない時代だったからなのでしょう。母に連れられてかなり高い山に登ったことがありました。東北地方の、民謡にうたわれている山です。いま考えてみると、まるで無謀な登山でした。よくもまあ母は連れていったものだと思います。登りたいと言ったのは、もしかするとボクかな？

登れど登れど、頂上はなかなか見えてきません。疲れて疲れて、のどもカラカラです。ようやく頂上が見えだしたころ、道のかたわらに泉がわき出しているではありませんか。私たちは手ですくって、おいしく、おいしく、のどをうるおしました。

もし、あなたの家から遠くない所に、きれいな泉があったとしたら、それはすばらしいことですね。泉がわき出しているということは、その土地が生きていることのしるしです。泉は、文字のとおりの〝命の泉〟なのですから。

このことわざの〝希望の泉〟という言葉はすてきです。どんなにつらく、どんなに厳しい状況の時であっても、〝希望の泉〟がわき続けているとしたら、それはその人の生命感が少しも弱まっていないという証拠です。

西洋のことわざには、こんなものもあります。

希望は悲しいときの最上の音楽

〝音楽〟というのもいいですね。

ことわざにもいろいろなタイプ、いろいろなムードのものがありますが、何かいかめしくて暗い感じのものより、明るくてセンスのあるもののほうが、やはり気持ちよく、覚えておきたいという気になります。
この「希望は悲しいときの最上の音楽」などは、悲しいときにふと思い浮かべれば、きっと心が安らぐのではないでしょうか。

この本では35の西洋のことわざを取りあげ、自分なりに感じ入ったことや、若い人たちにも考えてもらいたいことを書き連ねた。
本書の最後には35のことわざを英文で書きそろえたのだが、そのうちのいくつかを列挙してみよう。

Tomorrow never comes.
あした、あしたと言っていては、何事もできない。
After a storm comes a calm weather.
嵐の後には、よい日和（ひより）。

Hoist your sail when the wind is fair.
　追い風の時に、帆をあげよ。
Better late than never.
　遅くなっても、やらないよりはまし。
Think today and speak tomorrow.
　今日考えたことは、明日になってから話せ。
Hunger is the best sauce.
　空腹は最良のソースなり。
Punctuality is the soul of business.
　時間厳守は、仕事のたましい。
Failure teaches success.
　失敗は成功を教える。
Never say die!
　死にそうだ、などと決して口にするな！

Put your pride in your pocket.

自慢話は、ポケットにしまっておけ。

More than enough is too much.

十分すぎるということは、多過ぎるということ。

Little by little one goes far.

少しずつ少しずつ歩いて、人は遠くへ行く。

It is easier said than done.

するよりは、言うほうが簡単だ。

Make hay while the sun shines.

太陽が照っているうちに　干し草を作れ。

Every one thinks his own burden the heaviest.

だれでも自分の荷物が一番重いと思う。

A book that is shut is but a block.

閉じた本は、ただの紙のかたまり。

Better is my neighbor's hen than mine.
隣のにわとりは、わが家のにまさる。

Every cloud has a silver lining.
どんな雲も、裏側は銀色。

The longest day has an end.
どんな長い日でも必ず暮れる。

Everything comes to those who wait.
何事も待つ人のところにやってくる。

A fly has a spleen.
ハエにも怒りがある。

The early bird catches the worm.
早起き鳥は虫をとらえる。

ヘルシンキ郊外の保育園。木立のある園庭は涼しげだ。
Finland

10

ギリシャの女性の詩人、サッポーの「夕星（ゆうづつ）は」の味わい

――『名詩に学ぶ生き方〈西洋編〉』
あすなろ書房　一九九〇年

夕星(ゆうづつ)は

サッポー
呉　茂一訳

夕星(ゆうづつ)は、
かがやく朝が　八方に散らしたものを
みな　もとへ　連れかえす。
羊(ひつじ)をかえし、山羊(やぎ)をかえし、
幼な子を　また母の
手に連れかえす。

サッポーという、ギリシャの人の名を聞いたことはありますか？
古代のギリシャで〝詩人〟といえばホメロスのことを言い、〝女流詩人〟といえばサッポーのことで、詩女神としてたたえられました。

彼女は紀元前六世紀ころに活躍した人で、ギリシャのアテネの東側の海、エーゲ海に浮かぶレスポス島で生まれました。

彼女の詩は、この島の日常語、言うなれば当時のギリシャにあっては一地方の方言で、とてもわかりやすく書かれたと言います。

この詩に出てくる日本語の訳語である「夕星（ゆうづつ）」は、宵の明星、すなわち金星のことを指した古い言葉です。沈んでいく夕日に続いて、ほどなく西の空に輝いて見えてくる星なので、「夕日につづきて出る（いづ）」ということから、この言葉が生まれました。つづくのうちの濁音が前に出て、夕づつとなりました。

しかし、すてきな表現ですね。朝の太陽の輝きが、すべてのものを四方八方に散らし、夕方ともなると、宵の明星がすべてのものを再びもとに連れもどすというのです。「羊をかえし、山羊をかえし」とありますから、当時の人びとの生活には、羊や山羊はなくてはならない動物だったのでしょう。

最後の「幼な子を、また母の手に連れかえす」は、遠いギリシャの昔も、今の私たちの暮らしも同じですね。

昇る太陽とともに大人たちは働きに出て、幼な子は遊びに出る。
そして、宵の明星のきらめきとともに、みんながもどってくる。
一日の暮らしのリズムというものを、サポーはこんなにも美しく描きました。

あすなろ書房からの「名言・名作に学ぶ生き方シリーズ」（全十二巻）というもののうちの何冊かを執筆した。

大学の大先輩に当たる、教養豊かな先生のご指示による執筆というわけで、がらにもなく「詩」（西洋の詩）をテーマにしての一冊を書いてしまった。

想定される読者としては、おませな小・中学生、あるいは詩情が膨らむ頃の高校生くらいを念頭に置いて、まずはいろいろな詩集に目を通してみた。

その結果、次に示した21の詩を取りあげることにした。作者は十九人で、国別に見ると、ドイツ——六人、イギリス——三人、ノルウェー・ロシア・アメリカ——各二人、ギリシャ・デンマーク・フランス・ベルギー——各一人、といったところである。

この本に取りあげた詩は、次のとおりである。

- サポー（ギリシャ）「夕星（ゆうづつ）は」呉　茂一　訳
- ダス（ノルウェー）「学生時代」林　穣二　訳
- ゲーテ（ドイツ）「慰（なぐさ）めは涙の中に」高橋健二　訳
- ワーズワース（イギリス）「早春の歌」田部重治　訳
- シェリー（イギリス）「ひばりに寄せて」上田和夫　訳
- ハイネ（ドイツ）「わが母上に」片山敏彦　訳
- プーシキン（ロシア）「冬の朝」金子幸彦　訳
- アンデルセン（デンマーク）「旅することは生きること」山室　静　訳
- ロングフェロー（アメリカ）「人生の讃歌」大和資雄　訳
- コリツォーフ（ロシア）「農夫の歌」大沼裕子　訳
- ホイットマン（アメリカ）「こんにちは世界君」杉本　喬、鍋島能弘、酒元雅之、共訳

・ルイス・キャロル（イギリス）「時間厳守」高橋康也、沢崎順之助　訳
・ビョルンソン（ノルウェー）「ぼくは思った――」山室　静　訳
・ランボー（フランス）「のぞき見する子どもたち」堀口大學　訳
・ヴェルハーレン（ベルギー）「不可能」渡辺一民　訳
・デーメル（ドイツ）「ひわ」井上正蔵　訳
・カール・ブッセ（ドイツ）「山のあなた」上田　敏　訳
・リルケ（ドイツ）「子供／幼年時代」富士川英郎　訳
・ヘッセ（ドイツ）「書物／春」高橋健二　訳

最初に掲げたサポーの「夕星（ゆうづつ）は」は、実に心あたたまる詩だが、戦中戦後の苦しさを身体の底に残しているおじさんたちなどにとっては、次のような詩を読むと、思わず涙がほほを伝わってくるかもしれない。私なども、ちょっとばかり懐かしさが込み上げて……。

学生時代

ダス
林　穰二訳

財布はいつも空っぽで、
　頭は心配事で一杯。
あの時分の一シリングは、
　一ダレルの価値があった。
背にはマントをひっかけ、
　足でボロ靴を引きずり、
引越しも自分でしたものだ。
綺麗（きれい）な本がならんでいる
　店の主人が僕にこたえた
「金さえ持ってくれれば、本は渡すよ」
　という言葉がどうしても忘れられない。

屋根に草が生やしてある。自然に溶け込んだ保育園。

Norway

11

21世紀に生きていく子どもたちには、
地球全体をいとおしむ心がなければ

『魅力ある保育園づくりへ』
〜子育てサロンとしての保育園〜
明治図書　一九九二年

遊び場のエコロジー

雨あがりの園庭で遊んでいる子どもたちを見ていると、実に面白い。泥をこねまわしたり、おだんごを作ったり、服を洗濯しなければならないお母さんたちにはすまないと思うが、当の子どもたちにとってはもちろん、それを眺めているこちらにとっても、まことに愉快きわまりない。言うなれば、人生に二度とやってはこない〝どろんこ時代〟を堪能しているのである。

ここでしばし、読者諸兄姉には幼い日の自らの影像を、四季の風景の中に再現していただきたい。

夏の、あの力強いセミの声は、思えば命の限りを尽くしての声だった。そして、われわれ子どもたちは、その鳴き声に引き寄せられ、網を持っては声の主を捜し求めた。

秋の思い出は何だろう。クリを拾った。ドングリも拾った。カキの実の歯ごたえも懐かしい。色鮮やかな落ち葉は、子ども心にも宝物にしたいほどだった。太陽光線をたっぷりと受け止めたその色つやは、幼い者にさえも、一瞬、最高の審美眼を与えてくれた。

冬の日の雪の感触も、そして春の日の日射しの暖かみも、すべては今もって体細胞の中にしっかりと記憶されている。

さて、再び現実に戻ることにしよう。道路という道路は少しずつ少しずつ整備され、デコボコのほこり道は、今ではほとんど見られなくなった。町の景観は、幾何学的に、そしてカラフルに変貌した。林立するビルは、日本経済のエネルギーと膨張の速度とを見事に象徴している。

しかし他方、ハイテク自動車が疾駆する道路からは、子どもたちが食うべきみちくささは失われてしまった。また、その雰囲気もまるでない。コンクリートのすき間から、けなげに首をもたげている草たちも、排気ガスにさらされている哀れな姿であっては、子どもたちからの愛をつなぎ留めることは難しい。「おててつないで……」の歌の文句は、はるかな時代へのノスタルジアとなってしまった。

しかし、ここで真剣に考えねばならないことは、みちくさを食うことのできる生活空間を再生するための方途である。そのためには、「自然の保存」と「子どもの遊び場の確保」という課題を、重ね合わせて考えてみる必要があるのではないか。子どもをまずは生命体として、かつ毎日を遊びの中に生きる存在として認識するとき、どうしてもこのように考えざるを得ない。

ここで、「みちくさ」という言葉のいわれを記しておくことにしよう。

かの有名な大槻文彦が生涯をかけて作り上げた『大言海』（冨山房）には、次のように記されている。

「馬ノ道草ヲ食ヒテ、行クコトノ遅クナルコト。転ジテ、俗ニ人ノ道ヲ行キナガラ、遊ビ戯レナドシテ、暇ヲ費ヤスコト」

幼少年時代の、ふるさとの光景が思い浮かんでくる文章だ。「馬ノ道草ヲ喰ヒテ……」とは、言葉による影像の説明というよりも、影像によって言葉の成立事情を語ってくれている。『大言海』よ、本当にありがとうございます、である。

ところで、自然の中での人間本来の生命活動をたっぷりと表わしているものといえば、それは緑の丘や広々とした河原など非幾何学的な舞台で、のびやかに、愉快に遊びたわむれている子どもたちの姿ではないだろうか。先生の号令一下、不動の姿勢をとったり、まっすぐに行進していく子どもたちの姿とは真逆である。

ということを前提にして考えてみると、ほとんど経済活動のみを基軸にして出来上がってしまった幾何学的空間に、自然の営みに沿った緑の遊び感覚を、少しずつ、少しずつ入り込ませていくべきだと考える。

たとえば、幾何学的設計による高層ビルを生活の場とする子どもたちにとって、一瞬、田園にやってきたと思われるような保育園の園庭などはいかがだろうか。

ところで、本書では「保育内容のとらえ方」という項目の中で、スウェーデンにおける〝保育内容〟についての考え方を紹介しているのだが、それは次のような三つの分野から構成されている。

一　文化的な活動
二　自然への親しみ
三　地域社会の生活

これらを具体的な場面から考えてみると、

一は、主として園内にあって
二は、主として野外（野原や林や山や水辺など）にあって
三は、主として当該コミュニティーである、人びとの生活空間にあって
というように考えるのがよいだろう。

特に「野外」のことなのだが、子どもたちは日常的に林や野原や山などを歩いている。ビッグな行事としての遠足ではなく、日本で言う園外保育である。

注目しておきたいのは、一グループは少人数であるということ、子どももスタッフも遠目にも目につくようなベストを身につけて出かけること、フルーツなどのおやつを持参したりすること、などだ。

コミュニティー云々については、路面電車を利用しているのには、ほほえましくも感心した。子どもたちにとっては実に楽しかろうと、想像をたくましくした。夕げの話題としては、家族みんなに喜ばれるに違いない。

話は飛ぶが、『倉橋惣三選集』（フレーベル館）の中で読んだ記憶があるのだが、昭和戦前に、彼は市電（現在の都電）に乗って大森海岸辺りに出かけたりするの

もよかろう、などといったことを記していたと思う。そして、今で言う園外保育のことを、彼は「大保育」と書いている。狭くて暗い室内だけが保育ではあるまい、といった主張であったように思う。大森海外などが出てくる彼の発想は、ベリー・グッド！　である。

少々余計なことになるが、北欧諸国の保育の紹介などは、中身の味わいや雰囲気などを記してこそ、である。

あちらに出かけたら、都心をうろうろしてペーパーなどを集めるばかりではなく、電車に乗って少しは遠出をして、園とその周辺を歩き回り、自然環境における人間論としての保育のありようを、五感をもって深く思索していただけたらと、切に願う。

市電を利用してのお散歩。かわいらしさ、そのもの。

Finland

12

保育界が〝常識〟としていることについて、「なぜ?」と問い直すことの難しさ

――『広がる保育園への道しるべ』明治図書　一九九四年

美しさへのあこがれ

壁面のポエジー

スウェーデンの最南端の町、マルメの保育園を訪れたときのことです。ある部屋に何気なく入って、ハッと驚いたことがありました。それは、壁に掛けられた子どもたちの絵のことなのです。

子どもが描いた絵が入れられたシンプルな感じの額が三つ、四つ。それも、その額の壁面上での配置がまことにセンスよく、額の位置自体がすてきな演出になっているのです。これには参ってしまいました。

二~三歳くらいの子が描いたと思われる絵は、このような扱い方によって、その価値と言いましょうか。その味わいがぐっと深まっているように感じられるのです。そして、その部屋全体に、何か芸術的な雰囲気さえ醸し出しているのです。

ここで、わが愛する日本の、どこかの園のある保育室を思い浮かべてみることにしましょう。二〇枚か、あるいはそれ以上もの絵が、セロハンテープや粘着テープによって、壁面いっぱいに、たて、よこ、ぎっしりと、ベタベタと並べられて……。人格としての絵が、そのかけらも見えなくなってしまって……。

あぁ、この違いは、いったいどういうことなのだろうか！　あちらで見た、〝壁面のポエジー〟とでも呼びたくなるようなセンスは、どのようにしてはぐくまれてきたものなのだろうか。とにかく、形式論的、図式的な保育環境論といったたぐいの考え方から出てくるものではない、ということだけは言えそうなのです。

たて糸と横糸の美学

自然の木の枝を枠にして、いかにも手織りといった感じの布が、部屋の柱のところに掛けられています。子どもたちがじかに織った、素朴な〝布〟なのです。織り物といったものが、この世に誕生したころのものはかくや、と思われるような、そんなでき具合の布です。ストックホルムの郊外にある、牧歌的な感じの園で目にしました。

北欧の人たち、特に女性は、織り物を趣味としてよく楽しんでいます。子どもたちの世界にも、織り機はよく登場します。

　私はつねづね思っていることなのですが、子どもたちがいろいろな質と色との糸を使って布を織り上げていく行為というものは、どれほどか立体的な厚みのある美意識を、幼い心の中にはぐくむのではないか、ということなのです。

「なぜ？」と思いつくことのうれしさ
……ルソーを読んで、モンテーニュに戻って……

　五〇代のはじめの頃だったろうか。北関東を西北から東南へ流れる「思い川」という美しい川のほとりのレストランで、自分は右のようなタイトルの原稿を書いていた。

　季節は春。キャンパスに集まってきた学生諸君が、テキストを買い求めている。ロング・ロング・アゴー、自分も大学の一年生だった。クラスでの小旅行に誘われたので、家にあった古めいた文庫本を一冊、バッグの中に入れた。それがルソーの『エミール』だった。

電車の中でページを開いたのだが、文体も古くさく、なんだかよく飲み込めなかった。

しかし、しばらくすると、新しい訳の、活字も大きくなった文庫本が発刊された。早速に買い求めて、鉛筆を片手に、多少はまじめに読み始めた。

「万物をつくる者の手をはなれるとき、すべてはよいものであるが、人間の手にうつると、すべてが悪くなる。」

「人間はある土地にほかの土地の産物をつくらせたり、ある木にほかの木の実をならせたりする。風土、環境、季節をごちゃまぜにする。」

「わたしたちをおさえつけているいっさいの社会制度が、その人の自然をしめころし……」。

これは面白そうだ！　いける、いける。熱心に読み続けた。その頃に手にした文庫本を開いてみると、鉛筆の線がびっしりと引いてある。自分も案外まじめだったんだなぁ……。

読み進んでいくと、こんな文章が登場してくる。「生まれると産衣にくるまれる。死ぬと棺桶にいれられる。人間の形をしているあいだは、社会制度にしばられている」。うーん、ルソーという人はすごいことを言うじゃないか！

自分が学生だった頃、戦時中のフィルムが発掘されたり、戦時中のことをテーマにした映画もいろいろと作られたように記憶している。

ある映画を見ていると、まもなく兵隊にとられる学生たちが、先生を囲んでの最後のゼミナールをしている場面が写し出される。その際のテキストは、モンテーニュの『エセー』だった。

自分のポケットの中はいつも軽かったのだが、本屋さんに出かけて行って、モンテーニュの全六冊を買って帰った。訳文は文語体だったのだが、歯切れがよいので、とても気に入った。たとえば、こんな具合である。

「知ニ劣ラズ、疑モマタ我レニ快シ」（ダンテ）

「教フルモノノ権威、往々ニシテ学バントスルモノヲ害スルコトアリ」（キケロ）

リズミカルな文章を読み進んでいくうちに、あれあれ、これはルソーの先生じゃないかな、と思いはじめた。

後になって『エミール』をていねいに読んで確認したのだが、ルソーはモンテーニュの〝懐疑〟をしっかりと自分の思想の中に取り入れていたのだ。〝懐疑〟とは、「なぜ?」と問いただす姿勢のことである。

話は急に保育のことになるのだが、現代の保育園を象徴するものは何だろうか。教室のような保育室、デイリー・プログラムの切り目ごとのおかたづけ、「さぁ、みんな!」とか「がんばって!」といった大きな声での呼び掛け、ピアノや生活の歌の指示による子どもたちの一律の行動、等々である。このようなことについて、「なぜ?」と考えたことはあるだろうか。

自分は考えるのだが、それは学校の「教室」スタイルの一部屋で、日常生活の一切をこなすという矛盾から、号令による〝がんばり型の保育〟になってしまっているのではないか、ということである。

日本の保育界には多くの「なぜ?」が求められる。「なぜ?」は、ものごとの本質を探求していくための第一歩である。

並木道に沿った保育園。穏やかなたたずまいです。
Sweden

13

喜び、感動、はなやかさ、ばかりを強調すると、
生活に大切な落ち着きや穏やかさが失われて

『すてきな保育園の環境づくり』
〜生活をベースにした園舎内のデザイン〜
明治図書　一九九五年

落ち着きと、安らぎのある美しさ

園内の改築に当たっては、子どもにとって、そして保育者にとっての、生活のしやすさ、居心地のよさを考え、園舎全体が醸（かも）し出す雰囲気を工夫してみるようにしましょう。

子どもと保育者とがともに生活を営む場にとってのインテリアは、かわいらしさだけを一面的に求めるのではなく、ともに生活するおとなにとっても落ち着きと安らぎとを与えてくれる美しさを、演出していきたいものです。

園全体の色づかい、さらには家具や調度品の形や素材についても、注意深く選ぶようにしましょう。

窓からの眺めを生かして

ガラスを多く使っての間取りは、どの部屋からも子どもや保育者の姿が見え、安心感を与えてくれます。

日の光と、さわやかな風とを取り込む、広い窓。その窓を彩る、赤や黄色の花々や緑の木々。戸外の自然色そのものが、すでに室内のインテリアのポイントになるはずです。

必要以上に飾りたてるのではなく、さりげなく、それでいてセンスのあるアクセントになるよう、ひとつ、ひとつ、よく考えては室内のおしゃれを工夫してみてください。

全体の色調は押さえるようにして

クレヨンの箱をひっくり返したかのような色の氾濫は、まずは避けるようにして、長い一日を生活する子どもや保育者、そして毎日、送り迎えをする保護者の方々など、園に出入りする人たちがホッとくつろげるような色調を工夫してみましょう。

クロスや家具類の色調は、思い切ってトーンを押さえるようにしてみてくださ い。そうしておいて、保護者や子どもたちの手で、春には明るい色を、夏にはさわやかな色を、秋には落ち着いた色を、冬には暖かみのある色を添えて、季節季節の生活を楽しんでください。

まろみのある、やさしさのある生活空間

昼間の家庭としての園生活は、できるだけ温かみと柔らかさを大切にして、やさしい雰囲気を醸(かも)し出すようにしていきたいと思います。

室内のおしゃれや手入れには、それなりの手間(てま)ひまが掛かりますが、仕事の味わい、そして喜びとしていきたいものです。

幼児保育としての園生活は、日本の保育史においては「ひとクラスひと部屋主義」の小学校型〝教室〟がベースになっていた、と言えるだろう。このことは、この本を手にしておられる諸兄姉が、なにを今さら？　と思うくらいに一般の常識になっていたことである。

このことを簡単に言ってしまえば、無意識のうちにも幼児保育を学校教育の系譜として位置づけていた、と言ってもよいだろう。あるいは、そのように考える

ことがレベルアップにつながるものと、なんとはなしに思っていたからかもしれない。

しかし、ここで考えてもらいたいことは、たとえば大学における研鑽と中等教育とは、同じスタンスで考えてよいのだろうか、ということである。あるいは、中等教育と初等教育についても、同じスタンスで云々してよいのか、ということである。そして、あらためて考えねばならないことは、幼児保育は初等教育と同等な扱い方でよいのか、ということである。

ここで、多くの諸兄姉にしばし立ち止まって考えてもらいたいことがある。それは最近、なぜか幼児教育という物言いがはやっており、あるいは好まれており、保育（かつては哺育）という、長いこと遣われてきた用語が疎んじられていることである。どうしてそんなにも〝教育〟という用語をつかいたいのだろうか。

たとえば、生まれてほどない赤ちゃんには、ウブユ、オッパイ、オムツ、ダッコ……が生命にとって、すなわち心と身体にとって不可欠なことだが、なぜ、これらをも幼児教育という概念に包含させたいというのだろうか。

心から思うことなのだが、「教育」という用語が頻繁につかわれるときは、かつての教育の歴史を思い起こす必要がある。すなわち、かの時代の教育政策は、人びとを人間否定につながるファシズムへといざなう、決定的な力となったことである。教育について物言いをするときは、歴史をたっぷりと学ばねばならない。教育とは、まるごと善なる営みであると安易に考えることは、慎まなければならない。むしろ、要注意である。

保育について考えるならば、まずは人間存在の原点に立ち戻ることが必要だと思う。人間の生命の泉とも言うべき、恋愛、妊娠、出産に続く、人びとが営々として続けてきた子育てについて思いを至すのが本当ではないのか。

本書の中に「生活の場としての落ち着き」という小見出しで、次のような一文がある。

> 今では、園は生活の場であり、生活文化が保育内容の中心的な柱となるべきだということは、心ある人はしっかりと認識しています。

それにしたがって、園舎のデザインも大きく様変わりするようになりました。学校風教室的建築から、住居風生活空間への変更です。

ですから、素材も、間取りも、窓も、インテリアも、ひとつひとつが検討の対象になってきました。インテリアを例にとるならば、壁は常に教育的刺激を与え続けようとする掲示物によって占められていたものから、静かさや、落ち着きや、あたたかさを配慮したものへとおもむきを変えるようになりました。すなわち、日常の生活の場としての常識的なセンスと言ってよいでしょう。

本書の原稿は、今からすると四半世紀ほど前のものである。

この小文の中のキー・センテンスは、園は生活の場、生活文化が保育内容の中心的な柱、住居風生活空間、である。わけても壁のありようについては、きわめて適格である。

〝教育〟という重しからの解放を目指した、渾身の思いからの一文ではある。

アット・ホームな食卓です。中央は、ポタティスです。
Sweden

14

人間の生き方としての保育の根底に、
ヒューマンなフィロソフィーをつくりたい

『保育のフィロソフィーが面白い』
〜「がんばる保育」から「考える保育」へ〜
明治図書　一九九七年

まえがき

〝保育〟という言葉と〝フィロソフィー〟という言葉とを結びつけることが、私にとってのひとつの夢でした。保育とはテクニックのこともさることながら、人間論としてのフィロソフィーがその根底に存在しなければ、どうしようもないと思うからです。

経済政策についての議論が限りなくなされたにもかかわらず、人間が平和に、そして健康に生きていくうえでの経済の根本的な哲学が重んじられなかった結果、バブルの崩壊という情けない破綻に陥ってしまったように、心身両面についてのテクニックがいくら保育界に充満したところで、それだけではヒューマニズムの起点としての保育論にはなり得ない、と思うのです。

新しい世紀を迎えようとしている今、人間の生き方のこととしての保育の、その根底に、ヒューマニズムを目指した豊かなフィロソフィーをつくっていきたいのです。

本書が「がんばる保育」から「考える保育」へ向かううえでの、ささやかな切っ掛けとなれば、と願っています。

しかつめらしい理論から、心がはずむ保育の理念へ

赤ちゃんが生まれることとは、とてもおめでたいこと。人類が若々しさを保っていくための大いなる出来事なのですから、おめでたいのは当然です。

そして赤ちゃんがすくすくと育っていくことは、周りで見守る人たちにとっては、この上なくうれしいこと。何ものにも変えられない、生命感に満ちた喜びだからです。

ですから、その子育てをサポートする〝保育〟という営みは、心がはずむような、明るい考え方によって行われるのが本当だと思います。

保育の理念は、肩の凝らない、明るく、さわやかな、そして何よりも分かりやすいものであるのが自然です。子どもが誕生し、成長していくということは、明々白々な生命の営みだからです。

人間が子どものことを愛し、すこやかな成長を願う上での理念が、難解で、し

かつめらしいものであったとしたら、それは大きな誤りであるにちがいありません。そうは思いませんか!

――――

本書は、明治図書から出した「シリーズ・保育園生活のデザイン」(全十二巻)の第六番めの『保育のフィロソフィーが面白い』というものである。

ところで、わが保育界で出されている雑誌や保育者に親しまれているタイプの本に、「フィロソフィー」という言葉は、まず登場することはないように思うのだが、どうしてだろうか。このことは、日本の保育界の何かを表しているのかもしれない。

考えてみると、人間が次の世代を生きることになる子どもを育てる上で、ましてやプロとしての保育者があれこれと思い悩むときこそ、人間存在にとっての最も基本的なフィロソフィーが求められると思うのだが、なぜか日本の保育界にはフィロソフィーという基本用語が登場してこない。保育という営為があまりにも行政政策的なものとなっているためか、あるいは保育者としてのテクニックばかりに目が行ってしまっているからなのか。

もっとも、〝philosophy〟という言葉の訳語が「哲学」という、文字どおり口を折り曲げるような漢字が当てられたためなのかもしれない。明治期の先達諸氏には失礼になるが、もうすこし愛すべき、まさにヒューマンなイメージが湧いてくるような文字をつかってもらえたらよかったのに、と思ったりもする。

英語の〝philosophy〟は、ギリシャ語の〝philosophia〟すなわち「知恵への愛」を意味する言葉が元となっている。わが大学生時代に、学科から定期的に配布されていた冊子のタイトルが〝PHILOSOPHIA〟であったことが、今となっては懐かしい限りだ。ろくな勉強もせずに過ごしてしまったロング・ロング・アゴーの青春時代が、悲しいほどにいとおしい。これは、私の心の中でのお話……。

ところで、本書の「もくじ」を見通してみると、次のような項目になっている。

Ⅰ　「個人差」から「個性」へ視点を移して
　～人間論として保育を語る～

各章のそれぞれのタイトルとサブタイトルを通して読んでみて、あなたのご感想はいかがだろうか。日本の保育界にあっては、いまだ強い眼差（まなざ）しが向けられていないものがほとんどではなかろうか。

しかし、まことにおこがましい限りなのだが、率直に考えてみて、日本の保育界にあっては哲学すべき急務としてのテーマばかりのようなのだが、あなたはどう考えるか、である。

本書の刊行は、一九九七年のこと。いま現在からすると、二〇年あまり前ということになる。してみると、二〇年もの年月を経ているのに、この本で提起したような保育のフィロソフィーのテーマは、見るところただの一歩も踏み出してはいないように見受けられるのだが。

あゝ、わが日本の保育界よ……！

スタッフも子どもたちも、インタナショナルな保育園。
Denmark

15

倉橋のロマンをさかのぼりながら、われわれの
保育へのロマンをより大きく膨らませていこう

――『倉橋惣三　保育へのロマン』
フレーベル館　一九九七年

倉橋のロマンが生かされる時代へ

倉橋は私からすると、ちょうど祖父の世代の人、明治十五年の生まれです。
しかし、それにしても少年時代から青年時代にかけて、ちょうど日清戦争だの日露戦争だのと世の中が沸いていた頃の男性にしては、ちょっとばかり変わった道を選んだものだなあ。なぜかって、蛮(バン)カラが主流だったあのころに、学生帽をかぶった青年が、女性と子どもの世界だった幼稚園に足しげく出入りしていたなんて……。

それでいて、なかなか心(しん)の強いところもあったらしく、気骨のあるクリスチャンで有名な、あの内村鑑三の勉強会に通っていたというのです。してみると、やはりなかなかの人物に違いない。考え方に深みのある人に違いない。

私にとっては、彼は保育のことがらばかりでなく、気になる人物といった存在なのですが、年配の女性の保育関係者には多くのファンがいるらしく、それも全国にわたってのようなのです。戦前の幼児保育界の大御所だったということ、それに加えて、保育者のハートをつかむ名講演を各地でやっていたことにもよるのでしょう。

彼が現役から身を引いたのは、終戦後ほどない一九四九年、亡くなったのが一九五五年、現役から身を引く前の年、すなわち一九四八年の三月、当時の文部省は『保育要領――幼児教育の手引き――』というものを出しました。

この『保育要領』を作るうえで中心となったのが、彼、倉橋惣三でした。これは実にフレッシュで、素朴な出来ではあるのですが、豊富な内容を含んでいます。研究する価値のあるものと、私は考えています。

それから半世紀あまり、いま、倉橋の書いたものを読み直してみると、実にさわやかで、また、とてもロマンを感じさせるのです。一体、これはどうしたことなのでしょう。

よくよく考えてみるのですが、現在見られる保育についての言説には、哲学の貧困と言いましょうか、人間論に欠けると言いましょうか、微視的で、小細工的なヤラセの技術論がとても多いような気がするのです。

私たち保育界にある者としては、テクニカルなことについてもさることながら、人間のこととしての保育の本質論に、思い切って深く立ち向かっていく必要があるのではないかと考えます。そういう意味で、かつて倉橋が発言し続けた保育の本質論とロマンとを、じっくりと読み取るようにしたいのです。

戦時下、倉橋は幼児保育の大先生として……
私は、戦時下の幼稚園に通う一園児として……

太平洋戦争のころの記憶がある方といえば、そろそろ八〇歳に手が届きそうだ。終戦の年から、七三年の歳月が過ぎたのだから。

自分は四歳の年、すなわち一九四三年に出征する父を駅に見送り、その年のうちに戦死の公報が届けられたことを知った。その後、五歳から六歳にかけて、すなわち戦争の末期の一九四四年から一九四五年にかけて、どうにか存続していた小さな幼稚園に通った。ごく普通の民家の畳を取りはずして床板（ゆかいた）を張っただけ、といった感じの園舎である。それでも、父の戦死を訴えたゆえの、園長先生の情（なさ）けのある御判断による入園の許可であった。

玩具らしきものは何ひとつなく、小箱にゴチャゴチャと入れられた使い古しのクレヨンで絵を描いた。椅子もあまりなく、肩に掛けていった防空頭巾を床に敷いて、座布団の代わりにした。

だんだんとサイレンが頻繁に鳴るようになると、サイレンが唸り始めるのと同時に帰り支度をして、園庭で列をつくり、先生の引率によって急ぎ帰宅するようになった。

一九四四年の十二月、私たちが寒さに凍えていた頃、倉橋大先生は次のような文章を書き記していた。

「燃料が欠乏しても、日光のあたたかさがある。食糧が充分でなくても、日光の栄養作用がある。戦時幼児生活に、こんな貴重なものはない。これほど活用しなければならぬものはない。」

「今日、日光活用に最も真剣な一人が、戦下の幼児生活を護(まも)り、強くたくましく保育することを任としている保母諸君でなければならぬことは論をまたない。しかも、そのために必要な労力は極めて少ない。ただ窓を開ければいいのである。

戸外に出ればいいのである。一挙手一投足の労とはこのことである。」

いよいよ残されたものは〝太陽〟ということになった。世の中は、まさにどん底である。倉橋大先生の理性も筆も、すっかりやせ細ってしまった。

そういえば、われわれはよく〝日なたぼっこ〟をした。倉橋大先生の御説など伺わなくても、子どももネコも、寒ければちゃんと日だまりの所に集まってくる。これは、自然の法則である。

終戦の日は、疎開先の福島県の片田舎、小さな寺の一室である。裏を流れる小さな川で、口をすゝいだり、顔や体を洗ったりもした。

春になって、東京の通勤圏内にある親戚の家から、旧制度のまゝの〝國民學校〟という名の小学校に入学した。毎日、はだしで通学した。本当のことである。しかし、足が傷ついたり、血が出たりするので、ワラジをはくようにした。

テキストブックは？　もちろん何もない。しばらくして、カタカナが印刷された紙が数枚、配布された。自宅に持ち帰って、切って、糸で綴じて、うすっぺらな教科書が出来あがった。記憶しておくべき当時の日本の国力である。

高等学校は、その昔、倉橋大先生が学んだ学校に入学した。校舎は都心にあったので、屋上などは銃撃の跡がなまなましかった。

ずっと後になって知ったことだが、私が入学した年の四月の下旬に、倉橋先生は生涯を終えたという。ちょっとした御縁を感じた。

後になって倉橋先生について勉強するようになり、一書をまとめることになった。本書である。刊行から二〇年あまりになるが、本書は現役である。よい本をつくってくださった出版社と編集者に感謝し、求めて目を通してくださった多くの方々に、心からの御あいさつを申し上げる。

本書のカバーのイラストは、色合いが明るく、メルヘン調ですばらしい。描いてくださった方には、直接お目にかかってはいないのだが、心からの感謝の思いである。

明るく、のびやかな幼児保育は、平和のシンボルである。
Sweden

16

北欧の国々には福祉政策の実績があり、ノルディック・デモクラシーの基盤がある

『若いカップルに親しまれる園へ』
～もっと明るく、もっと自然に～
明治図書　一九九八年

北欧の保育の工夫から学ぶこと

北欧の国々には、福祉政策の実績があります。また、ノルディック・デモクラシーといわれる民主主義の伝統もあります。

保育政策や、具体的でユニークな保育の工夫なども、私たちの関心を呼びます。

スウェーデン——乳母車のある風景

ママが押す乳母車、パパが押す乳母車。スウェーデンの町を歩いていると、よく乳母車に出会います。乳母車によく出会うということは、両親と赤ちゃんとが、とても仲よくおつきあいをしていることを示しています。

町の中を見ると、坂道や階段、バスや電車、それにトイレなどが、乳母車にやさしくデザインされています。乳母車へのやさしさは、子育てへの思いやりを表しています。

ノルウェー――子どもは自然の中でこそ

赤ちゃんが生まれたとき、パパも一定の期間、有給で家庭で過ごすという制度を世界で最初に取り入れた国、それはノルウェーです。

ノルウェーは、自然保護についてとても熱心です。ノルウェーの人たちは、生きた自然が身のまわりに豊かに存在することを、とても誇りにしています。そして、子どもは自然の中でこそ健康に育つのだ、ということが常識になっています。

デンマーク――家庭での子育てを大切に

デンマークでは、子育てを中心とした家庭生活を、とても大切にする傾向になってきています。家庭からの脱出ではなく、家庭における子育ての喜びの再発見、ということでしょうか。

女性が職業をもち、かつ家庭での子育てをよりエンジョイできるようにしていく。この、一見すると矛盾するかのような課題こそ、大いに取り組むべき、新しい世紀にふさわしいテーマだと言えるでしょう。

フィンランド——出産祝いのプレゼント

この国には独特の、ほほえましい慣行があります。それは"maternity care package"あるいは"maternity kit"と呼ばれる、出産時のお祝いプレゼントです。

これは、生まれた赤ちゃんやママが、しばらくの間は使えるようにと、衣類や育児用品や衛生関係用品などが一式、盛りだくさんにパッケイジされています。

心配りが感じられる、すてきなプレゼントです。さすがはサンタクロースのふるさとの国、ですね。

スウェーデンなど北欧の国々を訪ねるようになって半世紀ほどの年月がたったのだが、その間の世の中の雰囲気の変りようは、実に大きい。

はじめの頃、ストックホルムの町を歩いていて目に止まったものといえば、坂道の多い、つまり路地や階段の多いこの町のどんな所にも、乳母車が押しやすいように、車の幅に合わせたスロープがきちんと作られていることだった。なるほど、なるほど、と感心しながら坂道を登り降りした。

あるいは、トイレは男女の別は当たり前のことだが、障害をもつ人のためのものの、おむつ交換がきちんとできるものなど、当時の日本ではまるで見られなかったものが、あちこちに設置されていた。

タクシーのサービスぶりにも驚いた。歩道を歩いていた自分のそばに、スーッと止まったタクシーからドライバーが降りると、後ろのトランクから折りたたんであった乳母車を取り出し、車から降りてきたママと赤ちゃんとの前に、「さぁ、どうぞ」といった感じで乳母車を置く。ひと言あいさつを交わすと、車はサッと走り去る。このさわやかな一幕の光景に、いっしょに歩いていた日本からの友人とともに、顔を見合わせながらため息をついた。

市役所のカウンターに行ってみると、幼い子が腰掛けるための大人の背丈に合わせて作られた、高さのある椅子が置かれている。役所の担当者の顔と、やってきた母親の顔と、その子どもの顔とは、同じ高さにある。三者の顔の位置が同じ高さにあることに、これまた大いに感心した。発想のすばらしさ！

市内を回るバスに乗れば、乳母車や車椅子は、乗り口に近い場所に置くようになっており、さらには乗ったところから降りるルールになっている。したがって、料金は頂戴していない。お分かりだろうか？　福祉的、合理的センス！

　このような光景は、当時の日本ではまるで見られなかった。新幹線のトイレなども、現在のそれに比べれば問題にならないくらいの低いレベルにあった。

　そこで、スウェーデンでのフレッシュな体験をもとにした原稿を、ある新聞に、毎月、連載で書き続けたりもした。張り切って書いた。若かりし頃の、はるかな思い出である。

　心をしずかにして、ふと考えてみる。このようなストックホルムと東京の違いは、どこから出てきたのか？　しばしの間考えていて、そうだ！　とごく当たり前のことに思いが至る。

　日本は昭和の初期の頃から、すなわち一九三〇年代から、やれ満州事変だ、やれ支那事変だ、それ大東亜戦争よと、戦争ばかりに国力を使い果たし、人びとの骨の髄までも戦争のために燃やし続けさせてきたのだ。福祉どころの話ではない。すなわち、社会的に有用であるべき人びとの心と体のエネルギーは、社会資源の、破壊のために消耗し尽くされてきたのだ。

他方、当時のスウェーデンの事情を思い返してみるならば、一九世紀後半から一九二〇年頃までは「大移民時代」と呼ばれ、経済力の低さやたびたびの飢餓は、人びとの他国への流出という事態を招いた。しかし、一九三二年に思い切った福祉政策を標榜する新しい政権が誕生したことによって、現在でいう福祉政策がエネルギッシュに、つぎつぎに実施に移されていった。

加えて、ヨーロッパのほとんどの国を巻き込んだ第二次世界大戦を辛くも回避し、その結果「胎内から天国まで」という、人の一生を視野に置いてのキャッチフレーズを掲げて、福祉政策の実施に力を注ぐことができた。

「戦争による国力の発揚」などということは、多少なりとも考えてみれば、人の世にあり得べくもない。ファシズムは、人びとのヒューマンな思考を有無を言わさず停止させてしまう。

国民主権を明示した“ワイマール憲法”が制定された、
ワイマールの劇場の前で。

Germany

17

保育を担当する者の個性に焦点を合わせて、
保育のありようを考えてみるのも必要では

『幼児保育への新しい地平線』
～「比較保育論」のすすめ～
明治図書　一九九九年

個々人が、それぞれの生命感をもって生きていく……

20世紀は、世界の多くの国々が、全体主義、ファシズム、中央統制、画一主義、マス・コントロール、等々の言葉で表現される時代でした。最近の日本のジャーナリズムでは、〝横並び〟という言い方が盛んに使われています。

教育界や保育界も、このような空気の中に存在していたわけですから、よく振り返って検証してみるならば、〝個性〟よりも〝統一性〟のほうにウェイトが置かれていたことが、はっきりとしてくるはずです。

しかし、これから未来に向かって進んでいこうとしている人たちは、個々人がそれぞれの生命感をもって生きていくことを望んでいるはずです。新しい世紀に、そのことを期待しているはずです。

そこで、保育を担当する者自身の〝個性〟というところに焦点を合わせて、保育のありようを考えてみることにしましょう。

子どもたちの個性とともに、保育者各人の個性も尊重しよう

乳幼児保育というと、子ども以外の人が主体的な意志をもったり、顔つきをしてはいけないかのように、「子ども中心の……」とか、「子どもの立場に立って……」とか、「子どもの目の高さで……」といったように、「子ども」「子ども」「子ども」と語られ、書きつづられます。まして、保育者は子どもにとっての人的環境であるといった表現などは、あたかも保育者は子どもにとっての舞台背景的存在のようなニュアンスさえ醸し出してしまいます。たとえ、そのようなつもりでの表現ではないと釈明したとしても、世間一般は誤解するはずです。

考えてもみましょう。幼い子どもは、甘えられる大人、お世話をしてくれる大人とともに生活し、成長していくのが太古の昔から当たり前のことで、お互いが甘えたり、あるいは、かわいがったりするというのが、本来の自然な姿です。

つまり、保育者は決して子どもにとっての舞台背景的な存在ではなく、心や意志や理性をたっぷりと身につけた、主体性のある人格であるべきだと、明言したいのです。

『幼児保育への新しい地平線』という本書のタイトル、特に〝新しい地平線〟というキー・ワードは、『宝島』の作者として有名なイギリスのスティーヴンスンの言葉にヒントを得た。彼の書いた文章に、次のようなものがある。

私たちが幸福な生活をしているときは、
階段を上がって行くように、
ことが次から次へとはてしなく続いて起る。
先を目指す人間には
新しい地平線がある。

『黄金郷（エル・ドラドゥ）』（岩波文庫）

この本のサブタイトルは～「比較保育論」のすすめ～としたのだが、その理由は、鏡に向かって自分の姿だけを見ているようでは、結局のところ自らの特徴については何も見えてこない、ということである。

反対に、広い世界のあちこちを見ることによって、自らがふだん暮らしている場の姿も多角的に見えてこよう、と思うからだ。ちなみに「比較保育論」は、自分が勤務する学校での、わが愛する担当科目であった。

ここで、いわゆる期待される保育者像といった保育者論について考えてみよう。もし、かくかくしかじかのような保育者が理想的であると描き出してしまうと、一体、どのようなことになるだろうか。すべての保育者は減点法によるマイナス評価を受けることになってしまうのではなかろうか。これは評価を受ける側にとっては、実に暗いやり方である。

加えて、理想像が固定化され始めると、新しいうねりなどは、どこ吹く風と見送られてしまうことにもなりかねない。

反対に、保育者各人の個性や持ち味や特技などを、どのように工夫して現実の保育に生かしていくかという姿勢をとると、方向は上向きとなって、新たな実りを前にして愉快さを味わうことにもなるだろう。要するに、互いに欠点をチェックしあうよりも、持ち味をどのように工夫して生かしたらよいかを考えることは、お互いにうれしいことであり、プラス思考ともなるだろう。

本書では、次に示すような十二の提言をしているのだが、比較保育論のテキストにふさわしいよう、日本文と英文とで提示した。

1　『児童の世紀』を振り返って
　～"The Century of the Child"～
2　日常性へのクエスチョン・マーク
　～Why? & Why not?～
3　緑ゆたかに、エコロジカルな園庭へ
　～Kindergartenへの回帰～
4　園を、子育てサロンへ
　～Open-systemへの提案～
5　日常生活は〝会話〟から
　～キー・ワードは"dialogue"～

フレーベルの生地、ドイツのチューリンゲン・バルト（森）にて。
Germany

18

身の回りの生活空間が幾何学的な形になり、
スケジュール化された教育に四六時中縛られ

――『園を明るい子育てサロンへ』
明治図書　二〇〇〇年

〝きょうだいグループ〟は、本来の生活スタイルの再現

一般には「異年齢混合」とか「たてわり保育」とか「異年齢で構成されるグループ」などと言われる〝mixed-age group〟について、ここでは〝きょうだいグループ〟という、かわいらしいニックネームをつかって考えてみることにしましょう。

ところで、現代に生きる私たちは、自然志向と言いましょうか、人間本来の純朴な生活に少しでも立ち戻りたいと、そう願うようになりました。それは、身の周りの生活空間があまりにも幾何学的な都市型のスタイルになってしまったことや、スケジュール化された教育に、幼いときから四六時中拘束されてしまっていることなどへの反発、と考えられます。

幼児保育の世界についても、同じようなことが思い浮かびます。年齢を横軸にして、発達段階を縦軸にした、まるで一次関数のグラフのように直線的に描かれた発達論への反発です。

さて、ここで人間本来の生活スタイルとは、どのようなものであったのかを考えてみることにしましょう。それは、幼な子の視線で見るならば、パパやママ、

おじいちゃんやおばあちゃん、そしてお兄ちゃんやお姉ちゃんたちとの生活が、生命体としての人間の生活単位であったものと考えられます。

このように振り返ってみれば、人間のライフサイクルの、それぞれのステージに立つ人たちに囲まれながら、人は生まれ、成長し、壮年期を過ごし、そして老いていったということになります。つまりは、さまざまな世代感覚に包まれて存在し、暮らしていたというわけです。

すなわち、本来の人間生活というものは、〝同期生〟ばかりによる生活ではなく、異なる世代の男女によって構成される、立体感のあるものだったことがわかります。子どもたちが一日の大半を〝同期生〟の中で過ごすようになったのは、近代学校制度の誕生によります。そして幼児保育の世界も、このスタイルをあっさりと模写してしまいました。

さらに加えて、競争原理を根幹に置いた教育システムは、〝偏差〟や〝個人差〟にばかり人々の目を向けさせ、孤立的で孤独感を伴う発達論を助長させ、そのような雰囲気が幼児保育の世界をも、すっぽりと覆い尽くしてしまいました。

ずっと以前のことになるのだが、ある保育関係の出版社の、ある編集長の企画による、〝保育環境〟をテーマにした特集のお手伝いをすることになったとき、自分は、とても、とても驚いてしまったことを、今でもはっきりと覚えている。

それは、保育環境についてのすべてを、子どもの発達段階を軸にしてページを作る、という趣旨だったからだ。園庭のありようも、園舎内のさまざまなしつらえも、すべてが年齢発達段階によるべきものとし、その具体例を提示するというプランなのである。

私はびっくり仰天し、厚かましくもそのプランの全面的な変更を求め、事実、すっかり変更することになった。変更しなければならない理由を、本書を手にしている読者諸兄姉にあえて説明する必要はあるだろうか。

人間の成長におけるさまざまなありようをデータ化し、平均値を算出し、そしていくつかの段階に区切り、その区切りごとに室内や園庭を整えるという、発達段階によるカリキュラム設定といったスタイルがもたらした、極限的な恐るべき非常識ではある。

これに似た驚きが、私が大学に付属する園の園長をしていたときにもあった。

それは、やや専門的な勉強をしてきたとおぼしき母親が、園庭のありようについて、園長である私に立派な提言をしてきたことがあった。

どういう内容かというと、わが園の園庭はかなり広かったのだが、その園庭を年齢別に仕分けして使うべきだという提案である。その根拠は、さきの編集長殿と同様で、子どもの発達段階に見合った園庭の使い方ができる、というものらしかった。

私は、ていねいな、やさしい物言いで、その案のいただけないことを説明した。それは、子どもたちが広々とした園庭を思いきり動き回れる喜び、オニゴッコも、木オニも、かくれんぼも、思いにまかせて目一杯エンジョイできるのも、この広い園庭があってこそ、という口上であった。

さらに加えて、いろいろなクラスの子どもたちがまじりあって遊んでいれば、何かの切っ掛けで仲よくもなり、保育者もいろいろな子どもたちと触れ合う機会にめぐまれるということ。すなわち、広さのもつ広やかな価値についてであった。

思うのだが、「発達段階」という保育界の用語と、その用語が醸し出す雰囲気とは、人々の視野とセンスとを実に狭いものにしてしまう。専門用語なる言葉の乱用は、罪深さを伴うことを知っておきたい。専門用語の使用は、広やかな人間論に裏打ちされてこそ、と思うのだが……。

話は飛ぶのだが、本書には「グローバル・スタンダード」(global standard) という、当時の目新しい標語について一文を書きつけている。お役に立つかもしれないので、引用しておこう。

硬直化した、のびやかな目を摘んでしまうようなマニュアル主義には、さようなら、です。

うずもれていたセンスには、やさし気な目を向け、広い世界のさまざまな知恵には、大きく胸を開きましょう。

そして、未知の時代に生きていくことになる子どもたちにとっての、あこがれの、のびやかな保育者でありたいと思います。

〝グローバル・スタンダード〟などという恐ろしさを感じさせるような標語に、おびえる必要はないと思います。

日本のあちこちで暮らす人びとの、あるいは世界の各地からやって来た人びとの、子育ての知恵やセンスや味わいに、心を開き、耳を傾け、学ぶべきことを学び取り、フレンドシップをあたため、大切にはぐくんでいきたいと思います。

とにかく、目新しい用語には、あわてずに、おびえずに、ゆっくりと理解を深め、馴染(なじ)んでいくこと。急(せ)いては事をし損じる、です。

木のぼり！　あゝ、少年の日々がなつかしい。

Sweden

19

ルソー、オーエン、フレーベル、デューイなど、すぐれた人たちの思索の跡を辿って……

『名言に学ぶ　保育のセンス』
――ヨーロッパの香り　日本の味わい――
学文社　二〇〇一年

保育にセンスを求めて

日本に住む私たちの子育てのありようも、以前にくらべると、ずいぶんと様変(さまが)わりしてきました。保育園や幼稚園などと明るくおつきあいをしながら、子育てを軽やかにエンジョイするようになってきました。このような傾向は、とてもよいことだと思います。因習にとらわれ、暗さを残していた時代からの脱皮を意味しているからです。

振り返ってみると、二〇世紀は大変な世紀でした。貧困、戦争、過熱した非生産的な勉強、混濁した社会的環境によるストレス、自然環境の汚染による生命体にとっての不気味さ、等々。

このような状況を前にして、量的には膨張してきた保育の世界は、ヒューマンで確かなフィロソフィーを果敢につくり上げてきたと言えるでしょうか。保育の営みの中に、すてきなセンスをたっぷりと培ってきたと言えるでしょうか。独創的で活力に満ちた雰囲気を、自らのものとしようと努めてきたでしょうか。

残念ながら社会の経済的あるいは政治的な波に、すっぽりと飲み込まれてきたように私には思えるのです。人間の生命の営みの根源であるはずの乳幼児保育が、社会的政治的営為の末端として振り動かされているようにさえ見えるのです。

しかし、新しい世紀を迎えた今、全国各地にこまやかに目を向けてみると、今まででは思いも及ばなかったユニークな発想やすてきなセンスが、少しずつ芽生え、成長し始めていることにも気がつきます。このことは、心ひかれる喜びです。

このような芽生えを確かなものとしていくには、私たちは自らの力で、手ごたえのある保育のフィロソフィーをつくり上げていく必要があります。そして、保育の仕事に喜びと美しさの感じられる、そのようなセンスを力を込めて磨いていきたいのです。

本書は、「名言に学ぶ　保育のセンス」というタイトルで、優れた人びとが残してくれた思索の中から、保育のセンス・アップのための糧(かて)になればと思うものを取り上げてみました。今、本書のページを開いてくださっているあなたとともに、じっくりと読み込み、考えていきたいと思います。

二〇〇一年　一月

本書のサブタイトルは〜ヨーロッパの香り　日本の味わい〜ということで、よく知られた西洋の思想家三〇人と、日本の思想家五人をピックアップし、それぞれの著作の中の、子育てや乳幼児保育や教育などについての、ユニークな見解を取り出して書いてみたものである。書くうえにおいては、特に大学での受講生である学生諸君の教養の幅を拡げることを意識した。どのような思想家と、その著作に注目したのか、次に年代順に列挙してみることにする。

- プラトン『ソクラテスの弁明』
- エピクロス『メノイケウスへの書簡』
- セネカ『人生の短さについて』
- プルタルコス『爽快（そうかい）な気分について』
- マルクス・アウレーリウス『自省録』
- レオナルド・ダ・ヴィンチ『レオナルド・ダ・ヴィンチの手記』
- トマス・モア『ユートピア』

- モンテーニュ『随想録』
- ベーコン『ベーコン随想集』
- デカルト『哲学原理』
- ラ・ロシュフコオ『箴言(しんげん)と考察』
- パスカル『パンセ』
- 貝原益軒『和俗童子訓』
- ロック『教育に関する考察』
- ルソー『エミール』
- オーエン『新社会観』
- フレーベル『人間の教育』
- 大原幽学『微味幽玄考(びみゆうげんこう)』
- ミル『ミル自伝』
- ソーロー『歩く(ウォーキング)』
- シュリーマン『古代への情熱』

・トルストイ『人間論』
・ヒルティ『眠られぬ夜のために』
・モリス『ユートピアだより』
・福沢諭吉『徳育如何（いかん）』
・エレン・ケイ『児童の世紀』
・スティーヴンスン『黄金郷（エル・ドラドウ）』
・高橋是清『高橋是清自伝』
・デューイ『民主主義と教育』
・アラン『幸福論』
・ラッセル『教育論』
・ホイジンガ『ホモ・ルーデンス』
・ヘッセ『幸福論』
・アイン・シュタイン『わが人生観』
・倉橋惣三『幼稚園雑草』

ところで、このページを開いているあなたは、学生時代あるいはその後の読書において、これらの著作のうち、どれが印象深く記憶に残っているだろうか。私の場合は、面白くて、面白くて、笑いながら読んだのが『高橋是清自伝』で、戦前の古い立派な装丁の本だった。どこかの古本屋さんで求めたものである。布地のカバーの手ざわりも、中身に合わせて懐かしい。

江戸時代、下総（しもうさ）（今の千葉県の北部）の片田舎で、こんなにも立派な思想と実践をした人がいたのか！　と驚嘆したのが、大原幽学の『微味幽玄考』である。プロイセンに近いフランスの僻地で苦労を重ねた、オーベルランのことを思い描いたりした。

日本の保育界は、なぜ大原幽学に思いが至らないのだろうか。なぜ、日本の歴史をひもとこうとはしないのだろうか。

エレン・ケイの “水辺の館” (Strand) を訪ねての途次。
Sweden

20

手作業の大切さと面白さ、
スレイド主義のセンスをしっかりと認識して

――『まるごと　自然あそび』
メイト　二〇〇一年

子どもたちを自然の世界へ……

子どもは、生命体として生まれてきます。

ですから、子どもを迎える私たちは、生命体に調和するよう、できるだけ自然そのままの、幾何学的ではない自然空間をプレゼント出来たらと思います。

しかし、残念ながら私たちの生活空間は、あまりにも都市的な環境と、人為的に作られた物ばかりに囲まれています。

子どもたちを、生命の息づく自然の世界へいざなうこと（nature orientaiton）ということについて、真剣に考えてみるようにしましょう。

季節の変化が感じ取れるように……

私たちは、四つの季節の変化がある、ドラマティックな地に生を受けました。このように考えてみると、ちょっとばかり神秘的な感じもします。

草花も、木々も、農作物も、小さな動物も、大きな動物も、そして私たち自身も、シーズンの移り変わりという宇宙からのプレゼントによって、生命活動をおこなっています。

ですから、子どもたちが四季の変化を繊細に感じ取れるようにすることは、私たちのなすべき根本的なテーマである、とは言えないでしょうか。

物理の法則は面白い……

重い物と軽い物、風の向きと力、水の流れと速さ、光の明るさと影、高い位置と低い位置、物が転がることや止まること、などなど。

子どもたちに〝物理の法則〟をエンジョイさせましょう。このことは、楽しみながらの、地球や宇宙についての認識への、価値ある第一歩です。

スレイド主義に目を向けて……

便利で、効率的な、ワンタッチの時代です。

それはそれとして、手足をいっぱいに働かすことは、ワンタッチの時代だからこそ、より意識的に子どもたちに体験させるべきでしょう。

手作業の大切さとおもしろさ、教育学で言う〝スレイド主義〟(slöjd)を、しっかりと思い起こすことにしましょう。
——

エコロジー的感覚と手作業とをベースにして、四季の自然の中から素材や条件を拝借して、ユニークな遊びを工夫する。

そういう発想で、わが「NPOほいくゼミナール・21」のメンバーである全国各地の園から〝自然あそび〟のアイディアを送っていただき、編集して作りあげたのが本書である。

結果、春・夏・秋・冬、合わせて71のユニークな遊びが収録され、本書が出来上った。

今になって読み返えしてみても、なかなかユニークで愛らしく、全国各地の保育者諸兄姉の、園の周囲の自然を活用したオリジナリティーは見事である。

春・夏・秋・冬、それぞれに目を引くもののいくつかを拾い出して、次にあげてみよう。

春のあそび

- フキの茎でおすし屋さん
- 葉脈を描く
- タンポポで着せかえ
- 星くずのゼリー
- ラディッシュを育てる
- 春風をふくらませる
- フルイを使っての砂あそび

夏のあそび

- 雨の音を聴く
- すてきな水中花
- ヤマゴボウの色水
- ヒマワリのタネを数えて

秋のあそび

冬のあそび

- 雪ウサギ
- マツ葉ずもう
- 氷の立体画
- ワラにくるまって
- 日だまりさがし
- 静電気であそぶ
- フルーツの汁であぶり出し

〈参考〉

〝スレイド〟（手工）の考え方やその歴史については、なんとセルマ・ラーゲルレーヴ著『ニルスのふしぎな旅』（偕成社文庫）の中に、くわしく描き出されているのです。本当に、本当です！　意欲のある方は、どうぞ……。

３人のかわいいアーティスト。カメラを向けて、ごめんなさい。

Sweden

21

エレン・ケイの『児童の世紀』を日本へ紹介した人たち

『エレン・ケイ　保育への夢
――「児童の世紀」へのお誘い――』
フレーベル館　二〇〇一年

『児童の世紀』の日本への紹介

『児童の世紀』のオリジナルの出版は一九〇〇年のことですが、これを日本式に言うと明治三三年です。日本の歴史を振り返ると、日清戦争と日露戦争とのあいだ、ということになります。

しかし、私たちの先輩には、ずいぶんと勉強家がいたのだと思います。明治三三年に、日本からはるか遠い北欧のスウェーデンで出版された本が、明治時代のうちに日本でも翻訳され、紹介されていたのです。すごいとは思いませんか。

もちろん、スウェーデン語そのものからの翻訳ではありませんでした。ドイツ語訳からの重訳ですが、それにしてもドイツの町を歩きながら書店でこの本を目に留め、そして、よし日本に帰ったら紹介してみようと思ったりするのですから、感心せざるを得ません。先人とは大変な努力をして、草を分け入ったのだと思います。

大村仁太郎とか小西重直といった教育学者たちが、エレン・ケイの著作に取り組みました。

本格的な翻訳は大正時代になってから、原田　實や本間久雄によってなされました。私ごとながら、原田　實先生には、先生の晩年のころ、当時のことをいろいろと語っていただきました。かつて東京駅のすぐ前にあった、昔の「丸ビル」の一室のスウェーデン社会研究所や、東京駅構内のレストランでお話をしていただいたことは、私にとって貴重な思い出です。もう、五〇年ほど以前のことになります。

いま、私は原田先生が取り組んだものと同じ、英語版の『児童の世紀』（"The Century of the Child" 1909, New York）を目の前に置いています。古本屋さんでたまたま手に入れたのです。感無量でした。

また、同じ大正時代、女性解放を目指した〝青鞜（せいとう）〟のメンバーたちもエレン・ケイに注目し、女子大を出たばかりの平塚らいてうが『女性の復興』を翻訳し、出版しています。これもすごいことです。

現在、私たちはスウェーデン語から直接翻訳された『児童の世紀』を読むことができます。小野寺　信・百合子夫妻の労作です。百合子さんは、『ムーミン』の翻訳でも知られた方でした。

小野寺ご夫妻からも、私はスウェーデンのことなどを、ご自宅に伺ったりして、いろいろとお教えいただきました。私にとっては、まことに貴重な、また幸運なことで、ありがたいことだったと感謝しています。


エレン・ケイの『児童の世紀』という響きのよいフレーズは、福祉関係や教育関係の方々による文章の筆頭にしばしば登場する。しかし、そのフレーズの意味については、ほとんど触れられてはいない。子どものことについての何かを云々する際の枕詞（まくらことば）のように、便利につかわれている。

ところで、私は青年時代、大学は文学部の哲学科、その中で教育学専攻というところに在籍していた。

現在のことは知らず、当時のわが文学部は学科試験を終えた後に、面接というものがあった。数名の教授先生方が居並ぶ前に、一人だけ腰掛けさせられての面接である。

見ると、数人の先生方の中央に、小柄で白髪の、品のよい、高齢の先生がおられる。多分、主任教授とかいう先生なのだろう。

後になって、しっかりと驚いたことなのだが、その教授先生こそが、当の文学部にあって学生時代から、エレン・ケイの『児童の世紀』の全訳に日本ではじめて挑戦なさった人、すなわち原田　實先生という大先輩であった。

ところで入学後の自分は、大学生であることをよいことにして、アルバイトなどで費用を蓄えては、高尚な古典を読み合うためとかいった名目で、友人たちと縁うるわしい高原に出かけたり、列車を乗り継いでの東北地方の旅などにうつつをぬかしていたのだが、気がついてみると、ご高齢の原田先生は大学を去られていた。

その後、何年かしてお目にかかることができたのは、自分が北欧のスウェーデンなどに注目するようになり、エレン・ケイの著作にも多少は目を通すようになってからのことである。しかし、このことはまことにラッキーなことであった。

お目にかかれたのは、東京駅丸の内南口の前にあった「旧丸ビル」、すなわち戦前からの「丸の内ビルヂング」の七階の一室、スウェーデン社会研究所の研究会に於てであった。

スウェーデン社会研究所というのは、当時の錚々（そうそう）たるメンバーによって設立されたものだが、そのことを知った自分は、厚かましくもメンバーに加えていただくことになった。

研究所では、ときどき専門別のテーマを立てて、一〇人以内くらいのメンバーが集まっての研究会をやっていたのだが、原田先生が主役の研究会があることを知り、早速に出かけて行った。

先生のスピーチは、はじめてエレン・ケイというスウェーデンの女性の存在を知ったときのこと、神田の書店街に飛んで行って、『児童の世紀』の英文による抄訳を見つけて手に入れたこと、さらにはニューヨークで発刊されたばかりの全文のものを取り寄せることができたこと、そして四〇〇字詰め原稿用紙で五〇〇枚を超える訳文を完成させたこと、などであった。

研究会が終わると、先生は「研究所から御礼をいただいたから、ごちそうしてあげよう」と言って、私を東京駅構内のレストランに連れて行ってくださった。

レストランでのメニューは忘れてしまったが、このことが切っ掛けで、原田先生がお書きになったものは、あちこちの古本屋さんや東京の古書会館などで、かなり手に入れることになった。以後、私は原田先生をかってに恩師と思うようになった。

それにしても、大学の講義、しかも教員免許を取得するためにやむを得ず聴講した講義の中で、子どもの個性を尊重するエレン・ケイの考え方についての否定的なニュアンスでの紹介に対して、ハッとして耳を傾け、そして原文を探しに神田の書店街に飛んで行く……。あゝ、これが本来の学生というものなのだ！ と思わざるを得なかった。

ちなみに、二〇代なかばでの先生の訳文は、きわめて格調が高い。ボキャブラリーの豊かさ！ 実に立派な翻訳である。

この 100 年あまりの間に出された Ellen Key にまつわる書籍。
(著者・荒井の収集による。)

22

孤立した子育てほど寂しく、
いいいい、ふくよかさにかけるものはない

『ファミリー・サポートの保育園』
～家庭と園とが手をたずさえて～
明治図書　二〇〇二年

子育てに、スポットライトが当てられて

今、子どもと手をつないで歩く若いカップルは、明るく、そして軽やかです。乳母車を押すママやパパの姿には、飾り気のない、しぜんなさわやかさが感じられます。

このような光景は、ひと昔まえの庶民の生活とはまるで違います。あの時代、母親たちは疲れきって、そして幼い子どもたちは、しょっちゅう泣き叫んでいました。貧しさと、不健康と、知的環境の乏しさと、戦禍による悲しい運命などのために、なんとも言えないストレスが多くの人たちを覆っていたのです。

子育てのことが、こんなにも注目され、重んじられる時代が来ようとは、思ってもみないことでした。幼な子をめぐるいろいろな事件を耳にしたりはしますが、とにもかくにも、いま、子育てにはスポットライトが当てられています。このような雰囲気を、私たちは大いに生かさなければならないと考えます。

子育てを、閉じられた空間から、明るく広やかな空間へ

ライフサイクルにおけるさまざまなことがらを、それらは個々人の問題なのだからと言って、内々に処理しようと苦しんできたことは、今まではいろいろな面で見られました。

今では信じられないことなのですが、病気などでさえも、そのひとつでした。思い返してみると、不思議なくらいです。

子育てについてもそうです。自分が生んだ子どもなのだから、自分で育てるのが当たりまえとする、何の知恵も、何の思いやりも伴わない考え方です。このような考え方は、まるでいただけません。

私は思うのですが、一人の赤ちゃんが生まれたなら、その子をかわいいと思い、また、かわいがる人が多ければ多いほど、その子の幸せ感が膨らむのではないか、ということです。孤立した子育てほど、寂しく、また、ふくよかさに欠けるものはないと思います。

今、家庭モデルがよみがえって

私たちの生活スタイルや生活感覚は、いま、伝統的な生活文化から大きく断絶しつつあります。このことは、暗くて圧迫感のある因習から解放されるという意味ではうれしいことです。

しかし、人びとが培ってきた貴重な文化遺産そのものまでも放棄してしまっては、それは何とも残念なことです。保育界は、伝統的な育児文化について、より注目し、より学び取る姿勢をとるべきだと考えます。

この本が刊行されたのは二〇〇二年二月だったから、その少し前、すなわち二一世紀になった頃だったと思うが、保育者養成のための教科目に「家族援助論」というものを加えるようにという、当局からの指示があった。

しかし、自分は直ちに思ったことなのだが、〝家族〟とは一体どうしたことだ、旧民法の戸主を中心とする家族を連想させるようなネーミングとは……と思い、自分の学校では「家庭支援論」として新しい教科目を置くこととした。すなわち、子どもが生活しているところ、そこにはすべて、社会からの暖かなサポートがあってしかるべきだ、というセンスでのネーミングである。

その新しい教科目は自分が担当することになったのだが、そのためのテキストとして本書『ファミリー・サポートの保育園』を作り上げた。サブタイトルは「～家庭と園とが手をたずさえて～」ということにした。

ところで、スウェーデンなど北欧諸国に自分がしばしば出かけては目の当りにし、また感じ取っていた雰囲気、すなわち園は、幼児教育などといった何事かを教え込む狭い意味での教育機関ではなく、子どもや子どもを育てる保護者をすっぽりと温かく支える所、それが保育園であるというセンス。そのキーワードと言えば、すなわち"Family Support"である。

「家庭支援論」は、半期で十五回の授業だが、そのシラバス（syllabus＝講義概要）として次のようなものを作った。ご参考までに。

1．子育て支援という課題

家庭は子育てという営みを伴うと、人間としての喜びが、より味わい深いものになります。しかし、苦労も格段に重くなります。子育て支援は、人間社会にとっての基本的で大切な課題です。

2. ライフ・サイクルにおける家庭

幼少年期における家庭、大人になる時期の家庭、結婚生活としての家庭、子育てと家庭、老年期における家庭というように、ライフ・サイクルにおける家庭のもつ意味を考えてみましょう。

3. 世界各地の子育て文化

さまざまな子育てのありようを知り、比較文化論的なセンスで、子育て家庭についての認識を深めたいと思います。

4. 北欧諸国に見るオープン・システム

子育てをする家庭に、園を広く開放し、親と子どもがいっしょに園に出かけて行く光景などは、ほほえましい限りです。

5. 保育施設のモデルとしての家庭

倉橋惣三は、「園は家庭生活のつづきである」「園は家庭生活から出発すべきもの」と書き記しました。

6. 社会的エネルギー源としての家庭

社会的に有用な仕事は、人格の伴った、中身の濃いエネルギーによります。このエネルギーがリフレッシュされる場、それが家庭生活です。

7. 家庭の歴史と家庭のユートピア

歴史を振り返ってみると、家庭は大きく変わりました。これからも変化していくことでしょう。理想の家庭について、のびやかに思い描いてみましょう。

8. 子育てがエンジョイできる社会と、保育者の役割

人間としての喜びを深く考えていくと、そこには子育てという、まことに人間的な営みが浮かび上がってきます。子育てを明るくエンジョイしていくうえで、保育施設は、いま、大きく期待されています。

このような観点から、保育者の役割というものを広やかに考え、さまざまな具体例についても注目してください。

保育園は、明るい子育てサロンとしても生かされる。
Sweden

23

ローカルとインタナショナルとは、共存させるべき主要な概念ではないか

『園生活における知育』
〜Care（生活）& Education（教育）〜
明治図書　二〇〇四年

世界各地のさまざまな生活文化

日本の人びとの多くは、恵まれた一部の人たちを除いて、二〇世紀の前半まで、すなわち第二次世界大戦が終わるまでは、世界各地の文化にはほとんど接する機会がなかったと思います。特に戦時中は、国全体がまるで閉鎖的だったために、文化的に極度に孤立した状態にありました。

それが戦争の終結と同時に、多くの外国の兵士がどんどん入ってきたために、びっくりするような外国の文化が日本に氾濫しました。

私の少年時代の、その頃の記憶を思い起こすと、今となってはいろいろと面白いことがよみがえってきます。ほろ苦い思い出です。

具体的な例をあげるなら、たとえば「おいで、おいで」をする際の手のひらの向きなのですが、日本の人は下に向け、あちらの人は上に向けて声をかけました。

また、マッチを擦って火をつけるとき、こちらの人は外に向けて力を入れてこするのに、あちらの人は手前に向けて軽くこすりました。

ひと組の男女が道を行くとき、こちらはやや前後になって歩くのに、あちらはりました。

左右に並んで腕を組んで歩きました。〝アベック〟というフランス語が大いにはや

服装、特に女性の服装の違いは大きなものでした。終戦直後までは、日本の女性は年寄りから少女まで、すべてモンペ姿でした。

さらには、子どもたちの下駄と靴の違い。あちらの子どもたちが履いていた茶色の皮の靴は、まぶしいくらいに光り輝いていました。目を見はるばかりです。

日本の一般の人たちが世界各地の文化に対して、さほど驚いたり、けげんな顔をしたり、ときに排斥したりすることがなくなるためには、二〇世紀後半の半世紀の年月が大きな役割を果たしたのだと思います。世界に開かれた半世紀でした。

ところで、「グローバル」(global)という言葉が、新聞やテレビなどで頻繁につかわれるようになりました。私の若いころには、まずつかわれなかった言葉です。せいぜい「インタナショナル」(international)という言葉がつかわれる程度でした。

「グローバル」とは、地球規模、世界規模といったスケールを表す言葉ですか

ら、現代の私たちの日常生活の内容に関係する範囲が、世界的な規模にまで広がってきた、ということなのだと思います。

われわれの日常の生活に見る色合いは、まことグローバルなものになってきた。テレビのニュース報道は、地球の裏側の状況までもがライブでわが家のＴＶに写し出される。食卓には、北欧のアイスランドから届いた柳葉魚（シシャモ）が、何事もなかったように載っている。

他方、ふるさとの地酒の味わいに舌鼓をうち、幼少時代からの素朴なみそ漬をかじりながら、炊きたての麦めしをほおばる。そして、少年時代の頃の世の風情を懐かしく思い起こす。

ところで、園の仕事とは子育てに伴う総合生活文化の提供である、と位置づけるならば、私たちは世界のあちこちの生活文化に、ときに目配りをする必要がある、ということになる。このことは、ときに楽しみでもあり、また、大いにご苦労なことでもある。

しかし、保育者としての世界のあちこちの生活文化への目配りは、もはや必須であり、さらに言えば、目配りから勉強へ、そして勉強からエンジョイへ、ということにもなろうか。

だが、ここで忘れてはならないポイントは、自分たちの何気ない日常の生活文化そのものが持つ味わいという点である。なぜなら、子どもたちが現に幼い日を過ごしている園や家庭そのものが、子どもたちにとっての掛け替えのないふるさとということになるからだ。

話は変わるが、保育の世界に「アイデンティティー」(identity)という概念が浸透してきたということについては、よいことだと思われる。保育の仕事を担う保育者としてのアイデンティティーは当然のことだし、子どもたちが自分というものについての認識を何気なしに身につけていくということは、考えてみれば実にすばらしい心の営みである。

保育者たる者はかくかくたるべし! などとお偉い人に言われて、それだけが自己の存在を規定するものだったとしたら、これは生きた人間としての心の営みとは無縁である。子どもは子どもで、○歳児のあなたはこうでなくちゃと言われて、ただそれに従うだけであったなら、アイデンティティーなどという自らによる心の営為を示す用語など、全く不必要ということになる。

話は飛ぶのだが、アイデンティティーという概念を敷衍(ふえん)して考えてみるならば、外国の保育の文化を探求してみることは、日本の保育の文化の底流を知るうえで、必要かつ大切なことだと思われる。ただし、行政文書の上でのシステムや呼称を並べて云々する程度では、文化論としてはお話にならない。

人間の成長する時期の心の状況を比較文化論的に考えてみるためには、園の生活そのものをメンタルな感覚で見て取るように努めなければならないと思う。たとえば、生活の場である園舎や園庭のデザインや雰囲気、子どもたちのグルーピングのありよう、日常の会話の雰囲気、自由な時間帯の過ごし方、玩具や教材類の内容や置き方、保育者の日常の姿勢や行動内容、園内における保護者の行動スタイル、等々である。

比較文化論的視点とはやや異なる発想かもしれないが、赤ちゃんはナショナルな存在としては生まれてはこない。ヒューマンビーイング（human being……生命体としての人間）として生まれてくる、と言ってよいだろう。すなわち、子どもとは地球上に存在することを宣言した、生命体としての一個の人間である。

子どもたちは「ナショナリティー」（nationality……国籍）には関係なく、お互いにしぜんに遊び、友だちになれる。互いの会話への溶け込み方は、信じがたいほどスムースである。生活スタイルへの同化も同様である。

この際、このような事実も、しっかりと認識しておきたいと思う。

しばしのあいだ仲よくしてくれた小学生たちが、
私たちに手を振って「バイ、バーイ！」
Sweden

24

"Working Plan for Pre-school"は、わが比較保育論への大いなるステップとなって

『スウェーデン　水辺の館への旅』
〜エレン・ケイ『児童の世紀』をたずさえて〜
冨山房インターナショナル　二〇〇四年

役所を歩き回って「保育指針」を手に入れる

コネクションなしに役所に出かけて、なにがしかの価値ある資料を手に入れるのは容易なことではない。その反対に、然るべき強力なコネクションがある場合は、まるで正反対である。

スウェーデンであっても、そのビューロクラシーは当然お堅いものだろう。そのことについてのブラックユーモアを聴かせてもらったことがある。しかし、オンブツマン制度がしっかりしているところなどは、日本などまるで及びもつかない。大いに研究すべき、理念とシステムではある。

オンブツマン制度とは、公権力によって不当な扱いを受けたと思われる場合に、だれでもが当該オンブツマンに苦情を申し入れることができるようになっているシステムである。スウェーデンの場合、このシステムの歴史は長い。

ちなみに、持ち込まれた苦情についての調査の結果、公権力の側が改善しなければならないと判断されたもので、高い数値を示している分野と言えば、福祉関係、公文書へのアクセス関係、刑務所関係、警察関係、といったところだそうである。ああ、そういうものか……。

あちらの役所を相手にして、苦労した思い出がある。日本の「幼稚園教育要領」や「保育所保育指針」に類するものを求めようとしてのことだった。

見当をつけて役所の窓口に行ったのだが、私の姿を見てのことか、まずは門前払い。役所をまちがえたのかなと思って確かめたのだが、そうでもないらしいので再び出かけたところ、なにやらかにやら言って、いまここにはない、とのこと。へこたれずに翌日もう一度そこへ行くと、前の日に会った担当の女性が再び出てくる。こちらは名刺を持参し、頭の中で少しばかり考えておいた専門家風の口上をやや流暢にまくしたてると、ちょっと調べてみるから待ってくれと言う。

しばらくすると、表紙が赤い色の大きなサイズで、かなりの分量のある冊子が出てきた。なんだ、あったじゃないか！　と思いながらも、「タック・ソ・ミュッケット」（どうもありがとう）を繰り返して役所を後にした。

どうして、どうして、日本のそれよりもボリュームも中身も豊富な立派なものである。タイトルは“ARBETSPLAN FÖR FÖRSKOLAN”（Working Plan for Pre-school）というもので、社会福祉庁の発行である。これがその後の、わが〝比較保育論〟への大いなるステップとなった。

この本『スウェーデン　水辺の館への旅』は、東京神田の神保町（じんぼうちょう）にあるしにせ（老舗）の出版社である冨山房（ふざんぼう）さんに作っていただいた。

明治時代の早くからの出版社で、数多くの著名な人物による書物を、いろいろと世に送り出してきている。自分は、合わせて三冊の著書を作っていただいた。

本書の「あとがき」に、冨山房との御縁をちょっとばかり書き記したので……。

ある日、新聞に『大言海』が一冊本として冨山房から刊行されたという記事が載った。写真入りの記事だったような気がする。

近代日本の草分けの辞書である大槻文彦の大著『大言海』は、大著ゆえに、それまでは四分冊として刊行されていた。それが印刷技術の進歩や、良質の紙が生産されるようになったことで、一冊にまとめられ、出版されたのである。

新聞を見た日、その日は雨が降っていたのだが、私は東京の神田神保町にある冨山房に、傘をさして出かけて行った。飛んで行ったという感じである。ある本を買うため、出版社の編集部に、何のつてもないのに直接出かけていったのである。今にして思うと、よくも出かけていったものである。編集部の人は、驚いたというか、あきれたというか、もしかして感心してというか、かなりの値引きをして『大言海』を私に売ってくれた。手にすると、相当な重さだった。

それから二〇年近くしてのこと、私たち幼児保育について勉強するグループは、エレン・ケイの『児童の世紀』に取り組むこととなった。テキストは、小野寺夫妻の冨山房百科文庫版である。

勉強仲間は、つぎつぎにこの本を冨山房に直接注文した。東京から遠い各地に住む人たちは、書店経由で数週間も本を待つのがまどろっこしいからである。

そんなこともあって、私は冨山房のオーナーである坂本夫妻からご厚誼をいただくこととなった。そして今回、エレン・ケイの『児童の世紀』につながる本書を出版させていただくという巡り合わせとなった。

本書のタイトルにつかわれている〝水辺の館〟とはロマンティックな表現だが、これはエレン・ケイが自らデザインした館（やかた）のことである。ふつう「ストランド荘」と呼ばれているが、ストランド（strand）とはスウェーデン語で「水辺」のことである。南スウェーデンにある南北に長い大きな湖、ヴェッテルン湖の水辺にあるからだ。

ところで、エレン・ケイの若き日、日本でいえば明治時代の中ごろになるが、当時の文化面で重きをなす権威者たちから、彼女はたっぷりといじめられていた。彼女のひるむことのない進歩的でストレートな発言に、彼らはいらいらしていたのだろう。だから『児童の世紀』が発刊されても、まるで無視されるというありさまだった。

ところが世界の多くの国々で、つぎつぎに翻訳書が刊行されていった。そこでスウェーデン政府はあわてるようにして、国が管理していた土地を彼女にプレゼントすることにした、というわけである。今ふうに言えば、国民栄誉賞といったところだろうか。

そこでエレン・ケイは、諸外国から入ってくる印税を遣い、その土地に〝水辺の館〟を建てた。目的は、社会的に苦労をしている女性たちの〝いやしの場〟とするためである。

『児童の世紀』の発刊にちなんだ、うるわしくもロマンティックなエピソードである。

エレン・ケイ自身もデザインに加わった“水辺の館”の内部。
Sweden

25

子どもの心や保護者の心が求めているもの、
すなわち潜在的なニーズを発掘しながら

『明るい園生活のための意識改革』
〜利用者のニーズと保育者の働きがい〜
明治図書　二〇〇五年

それぞれの園が、独自のセールス・ポイントを示していくという姿勢はどうだろうか

「独自のセールス・ポイント」というフレーズと言いましょうか、こういった感覚が保育界に出てきたということは、保育に取り組む人たちの姿勢において、今までにはなかったスピリット（精神・気力）が芽生えてきた、とも言えるのではないでしょうか。

このようにせよ、あのようにせよ、などと常に言われながら、それのみに従ってする仕事ぶりは、独自性あるいは主体性とは縁がなく、言うなれば単なる作業行為ということになります。

それとは反対に、子どもの心が求めているもの、保護者の心が求めているもの、すなわち潜在的なニーズをつぎつぎに発掘しては、自らのなすべきテーマとしていく、これが本当の仕事のあり方というものだと思います。このような知的でセンスのある作業をくり返していけば、おのずとその園らしい味や香りのする、独自な「保育メニュー」が出来上っていくのだと思うのです。そのようなものを

「セールス・ポイント」と呼んでみたらどうでしょう。

これは、軽薄な、見かけ倒しの宣伝広告などとはまるで違います。むしろ、一見したところは地味なものだけれど、なかなか味のある、こまやかな工夫が感じ取れる「わが園の保育メニュー」ということになります。どこかからの借りもの、ではないからです。

第二次世界大戦後、半世紀にわたって大きく発展してきた日本の保育は、新しい世紀を迎えたのに合わせるようにして、その役割や雰囲気が急速に変わりつつあるように感じられます。

私が見るところでは、大まかに言えば「量」から「質」に変わりつつあります。具体的に見るならば、利用者は園を選んだり、利用の仕方も柔軟に選べるようになったということ。加えて園を経営する立場からすれば、その地域の事情などを考慮しながら、自分たち自身のコンセプト(考え方・観点)を持ち、独自のカラーが出せるようになったということです。

象徴的な表現を使えば、モデルに従った平均的な「パターン」に沿う時代から、

「バラエティー」（多様なスタイル）を求める時代へと移りつつある、ということだと考えられます。

わが保育界も胸をはって、「わが園のチャーム・ポイント」すなわち「セールス・ポイント」を、世間に向けてアピールしていくのが本当です。

明治図書からの「シリーズ・保育園生活のデザイン」は、本巻の第十二巻で終了することに決めたからだったか、この巻の最後には――『児童の世紀』に見る保育観――という章を作って、エレン・ケイの保育思想をはりきって書き記している。

『児童の世紀』や『恋愛と結婚』などを通して主張している、エレン・ケイの育児観ないし保育思想は、子どもの存在の前提としての〝家庭〟、その前提としての〝結婚〟、そのまた前提としての〝恋愛〟を、しっかりと踏まえたものになっている。すなわち、エレン・ケイ思想のバックボーンである。

さらに加えて、人間が社会的に存在する上での根幹をなすものとしての〝人格〟

についても、これまた太いバックボーンとなっている。

『児童の世紀』の中で、彼女は具体的には、どのように述べているだろうか。

「子どもは、子どもがやること、好きなこと、望むこととはいつも何かしら違ったことをやらされ、違ったことを考えさせられ、違ったことを希望させられ、いつも子どもの気の向かない方向に引きずられるのだ。

これらすべては、小さな人間という素材を一連のモデル通りの完全な作品に仕上げるために、すなわち、型どおりの子どもになるように、矯正し、助言し、援助し、削って磨き、仕上げようとする、大人のひたむきな親切さと用心深さと熱意からでたものである。」（九九頁）

彼女は、当時の家庭や保育施設や学校での大人による子どもたちへの対応を、このようにシニカルに描写し、さらに単刀直入、次のようにまとめている。

「多種多様にわたる人間の性質を、みんな同じ型に押しこめ、あらゆるものに同じやり方で義務の範囲を決める社会的要求は、実にばかばかしいものである。」（一〇〇頁）

彼女は、このような見解を、プラス方向としては次のように述べている。

「子どもを社会的な人間に仕立て上げる際、唯一の正しい出発点は、子どもを社会的な人間として取り扱い、同時に子どもが個性のある人間になるように勇気づけることである。」（一〇〇頁）

教育者に対しては、彼女は次のように提言している。

「教育者は、子どもにわが道をゆく傾向を見た場合は、むしろ喜ぶべきである。他人の意志に従えば、原則として子どもはまもなく、大きな『群』の一部分となる。群は一人の支配者の性格により、力でその意思のままに導かれるものである。」（一〇〇頁）

この文書を読んだとき、自分は本当に胸を突かれた。なぜなら、『児童の世紀』とともにスタートした二〇世紀は、ほどなく地球上の広大な部分がファシズムに覆われてしまったからである。わが日本においても、割烹着を身につけた婦人会の女性たちまでもが、〝ハーケンクロイツ〟（Haken-kreuz＝鉤十字）の旗を打ち振ったではないか。記憶しておくべき歴史的事実だ。

彼女は、つぎのようなリズミカルな、奥行きのある文章を書きつけている。

To bring up a child means
Carring one's soul in one's hand,
Setting one's feet on a narrow path.（一一四頁）

日本語訳は、次のとおりである。

「子どもを教育するということは、子どもの精神を子ども自身の手の中に握らせて、子どもの足で子ども自身の細道を進ませるようにすることである。」（一〇四頁）

＊『児童の世紀』からの引用は、冨山房百科文庫版による。
＊英文の引用は、"The Century of the Child" G.P. PUTMAN'S SONS（New York, 1909）による。

シベリウスは ♪フィンランディアを、大きな湖を前にした、
この家で作曲した。（ヘルシンキの郊外）

Finland

26

子ども時代に親しむべき本を、
いい、いまになって楽しむ仕合わせ

『保育者のための　世界名作への旅』
〜保育に生かす　すてきな言葉〜
冨山房インターナショナル　二〇〇七年

名作『青い鳥』の一節

「幸福の楽園」という豪華絢爛な場面で、チルチルとミチルは、さまざまな幸福さんたちに出会います。おもしろい場面です。メーテルリンクの、この世の下世話な幸福に対する痛烈な皮肉を読み取ってください。こんな幸福さんたちが登場してきます。

「ものを所有する幸福」「満足したみえっぱりの幸福」「のどがかわいていなくても飲む幸福」「おなかがすいていなくても食べる幸福」「なにもしない幸福」「必要以上に眠る幸福」「ばか笑いの幸福」……。

私が最近、あらためてメーテルリンクに注目したのには、ちょっとしたきっかけがあります。それは、エレン・ケイが書いた『児童の世紀』についてあれこれと勉強しているとき、メーテルリンクの論評が目にとまったことでした。

彼はエレン・ケイについて、彼女は私たちの子孫のために、より賢い、より熱心な、より誠実な後継者を見い出すことになるだろう、といった主旨のことを述べているのです。エレン・ケイの未来に託した感覚を的確にとらえていたのです。

私は感心して『青い鳥』をじっくりと読み直してみると、「未来の国」という場面が設けられ、しっかりと未来志向の情景が描かれているではありませんか。

「空色の宮殿のなかのいくつもの大広間。ここには、これから生まれてくる子どもたちが待っている。

……どの広間にも、ちょうどよい人数の子どもたちが集まり、みな空色の長い着物をきている。ある者は遊び、ある者は散歩したり、おしゃべりしたりしている。」

未来に生まれる子どもが言います。「お母さんたちが、戸口で待っているんだって。お母さんて、いい人なんでしょう？　ほんとう？」チルチルが答えます。「ほんとうだとも。世界じゅうでいちばんいい人だよ。」

一夜の長い旅の夢のあと、チルチルはわが家に青い鳥を見つけます。

「これが、ぼくたちの探していた青い鳥なんだ！　あんなに遠くまでさがしていた青い鳥なんだ！　あんなに遠くまでさがしにいったのに、ここにいたんだ！」

幸せの青い鳥は、忘れているすぐそこに、あるいは窓からの眺めの中に、静かに待っているのかもしれません。

〈引用〉『青い鳥』末松氷海子／訳　岩波少年文庫

『保育者のための　世界名作への旅』という、かわいらしい本を作ったことがある。このような本を書こうと思ったことの裏には、読書といったことにはまるで恵まれなかった自分の幼少年期への反発ということがあるのかも……。

あの時分は、絵本も本も何もかもがなくなってしまった。紙さえもなくなってしまったのだ。本当のことだ。文化の消滅である。

強制疎開という、然るべき権力からの命令で家屋敷は取り壊され、軍需工場が建てたちっぽけな社宅に移り住むことになり、その工場をねらった大空襲の後には、片田舎の寺の小さな一室に住むことになった。絵本どころの話ではない。

ただ、母親が娘だった頃に読んだとおぼしき世界名作の本が何冊か、荷物の中に紛れ込んでいた。『小公子』とか『クオレ』といったものだった。それらの本の中のほんのわずかな挿し絵に、遠いよその国への思いを脹らませた記憶がある。

戦争末期のそんな生活から十数年して、都内の大学に通うようになると、切っ掛けがあって〝古書会館〟に出かけるようになった。御茶ノ水駅に近いニコライ堂から南下して、表通りからは少し引っ込んだ所にある。

近くには、太田道灌が病を得た娘のために建てたという太田姫神社がある。小ぶりな神社だが、五〇〇年余りの歴史があるはずだ。星霜にめげず、である。

近ごろ自分は、この小さな社（やしろ）にお参りをしてから古書会館に向かうようにしている。最初のうちは「良い本がみつかりますように！」といった欲張りごとを願っていたが、近ごろでは「今日もここにやって来ることができました。ありがとうございます……」と手を合わせ、頭を垂れている。すると、すぐ近くの古書会館への足取りが軽やかになる。

太田道灌は、江戸城をはじめ、岩付（槻）城、河（川）越城などの築城で知られているが、幼少の頃から学問を好み、兵学に強く、さらには詩歌をも好んだ。よく知られた「七重八重　花は咲けども……」は、フィクションにしても風情があり、絵になるようなストーリーだ。埼玉と東京に、数か所の現地がある。

さて、本書に取り上げた作品は次の十五である。

- 『アルプスの少女』——ヨハンナ・シュピーリ
- 『フランダースの犬』——ウィーダ
- 『大きな森の小さな家』——ローラ・インガルス・ワイルダー
- 『モミの木』——アンデルセン
- 『やかまし村の子どもたち』——リンド・グレーン
- 『少年少女』——アナトール・フランス
- 『幸福な王子』——オスカー・ワイルド
- 『青い鳥』——モーリス・メーテルリンク
- 『一房の葡萄』——有島武郎
- 『ニルスのふしぎな旅』——セルマ・ラーゲルレーヴ
- 『鶏の卵ほどの穀物』——トルストイ

・『銀の匙』――中　勘助
・『最後の授業』――アルフォンス・ドーデ
・『幸福論』――ヘルマン・ヘッセ
・『児童の世紀』――エレン・ケイ

名作は、やはり名作である。何十年もの年を経て改めて読み直すと、忘れていた味わいが込み上げてくる。

加えて、その裏には〝名訳〟があることを忘れてはならない。どんな人が、どんな環境の中で、どのような苦労を重ねてのことか……。翻訳に取り組んだ年代を推測してみると、あゝ、そんな時代にがんばったのかと、苦労がしのばれる。

とにかく、訳者に対して感謝の念を持って読み始めること。すると、一行一行、一節一節に、より味わいが感じられてくる。

午後のひととき、先生といっしょに絵本を眺めて……。
Sweden

27

遊ぶということは外に出ること、
というくらいに考えなければ

『園をみどりのオアシスへ』
〜幼児保育における放牧の思想〜
フレーベル館　二〇〇九年

「○○牧場保育園」とか「○○斜面保育園」といったネーミング

私がまだ若かったころ、ストックホルム市内の緑のひろびろとした、起伏のある自然の地形をそのまま生かした公園を散策していると、ふと目に留まったのが「バーン・ハーゲン」という、託児のための簡易な施設でした。

ちょっとした広さのある草原が柵で囲われ、小さな小屋らしき建物もあり、幼い子どもや、ママや、スタッフらしき若い女性たちでの、楽しそうな、なごやかな雰囲気です。

柵の入口には"BARN-HAGEN"と書かれた板が取り付けてあります。日本語に訳すと、「子どもの牧場」という意味になります。

スウェーデンでも、まだ保育園の数が充分でなかった時代ですが、ママと子どもがそこに出かけ、ママが買い物などのちょっとした用事を済ますあいだ、スタッフの方が子どもの面倒を見てくれるという、公園としての味のあるシステムでした。とてもよい方法だなあと、私は大いに感心しました。

その後、何回もスウェーデンに出かけ、保育園のひろびろとした緑ゆたかな園庭を満喫しているうちに、園の名前の特徴にも気がつきました。それは、「〇〇牧場保育園」とか「〇〇斜面保育園」といった、自然の地形を表した園の名前が多いということでした。

今回も、ストックホルム郊外にある「葉っぱの牧場保育園」という名の保育園を訪問しました。スウェーデンの人たちは〝牧場〟という名前や雰囲気が好きなんだなあ、と感じ取りました。

スウェーデンなど北欧の国々の保育園を訊ね回っていて気がつくことは、子どもたちが戸外でのびのびと遊んでいる姿です。

子どもが外で遊ぶなどということは、われわれの世代の者にとっては実に当たり前のことですが、わが日本の現状は少々ちがいます。実際、子どもが外に遊びに出たくなるような、緑ゆたかな、広やかな園庭はどれほどあるでしょうか。残念ながら……、です。

子どもたちを教室スタイルの保育室に閉じ込め、細かなタイム・スケジュールに合わせて叱咤激励し、園庭はといえば、殺風景なただの広がりであるとするなら、もう何をか言わん、ということになります。
遊ぶということは、すなわち外に出ること、というくらいな考え方を持たなければ、生命体として伸びつつあるおさな子たちに対して申し訳がない、と考えるべきです。

自分は幼児保育のことを専門とするようになるのと同時に、スウェーデンなどの北欧の国々の〝自然〟や〝保育〟や〝デモクラシー〟のことなどを追求するようになった。さまざまな偶然やラッキーな巡り会いなどが重なり、そのような方向に歩んでいくようになったのだが、今にしてしみじみと思うことは、巡り会った方々とのフレンドシップへの感謝の念である。「朋(トモ)有リ遠方ヨリ来タル……」高校時代の、漢文の授業での口調がよみがえってくる。思えば、本当に遠方だったなあ……。

ところで、日本の保育界でしばしば登場する保育用語のひとつに〝環境〟というのがあるのだが、これは一体、どれほどの内容と理念と味わいとを与えてくれているのだろう。木陰（こかげ）ひとつなく、転げ回れる芝草もない日本中の園庭をそのままにしておいて、保育環境云々とは、そも何ぞや！　ということである。

そこで、自分が雑誌原稿や著作などでお世話になっていたヴェテランの編集氏にお願いして、『園をみどりのオアシスへ』という一冊を作っていただいた。サブタイトルは、「幼児保育における放牧の思想」とした。まこと、夢見るようなサブタイトルではある。

とにかく〝保育環境〟をテーマにして、一冊ものしたかった。結果、緑色のカバーの、ロマンティックな一冊が出来上がった。

カバーのイラストは、もちろん小生の原稿や写真などからイメージしてもらった、スウェーデンなど北欧の国々に見られる園庭である。

話は飛ぶのだが、ストックホルムから西の方角へ、小さなバスをチャーターして小一時間、湖のへりを通ったり、曲がりくねった川を渡ったりして、とある保育園を訪問した。

静かで、なんとも穏やかなたたずまいである。すぐ近くには、ジュニア・レベルの小学校もある。小学校の校庭も、一面の緑である。同道したメンバーは、だれもがうれしい驚きの表情を隠さない。

やや年配の女性の園長先生にお目にかかって、いろいろなことを伺うことができた。ちなみに、彼女はジュニア・レベルの小学校の校長も兼務しているという。スナック・ランチをごちそうになりながら、私にとっては大いなる驚き、とんでもなくうれしいことを聞かせていただいた。

というのは、アストリッド・リンドグレーン（Astrid Lindgren, 1907—2002）の作品である『やかまし村の子どもたち』（"The Children of Noisy Village"）を映画化する際に、この小学校や周囲の野原や川や林などを舞台にしたのだという。

私は飛び上がるほどにうれしくなり、熱心に、熱心に、耳を傾けた。とにかく、あちこちを丹念に歩き回っていると、時によいことが待ち設けているものだ。この作品は、私の大好物だ！

この作品の中には、小学生向けの季節の歌がいろいろと出てくる。次のような具合いだ。

・「こんにちは！　お日さまがよんでいる」
・「花さくころがやってきた」
・「森や山や谷をいくとき」
・「冬がきた」
・「いまクリスマスは、雪のドアのまえに立ち」

ところで、この作品は第二次世界大戦が終了して二年ほど後の一九四七年に発刊された。当時、私は小学校の二年生だった。
とすると、私はこの作品を過去完了形ではなく、現在進行形で読んでもよい、ということになる！

〈参照〉アストリッド・リンドグレーン作／大塚勇三訳『やかまし村の子どもたち』岩波少年文庫

「やかまし村の子どもたち」を映画にするとき、
この辺りでロケイションが行なわれた。

Sweden

28

『児童の世紀』をひもとき、ことばの花びらを摘む

――『エレン・ケイ「児童の世紀」より　ことばの花びら』冨山房インターナショナル　二〇一一年

美しい田園がはぐくんだ美しい文体

北欧のマップを見ながら、この原稿をお読みになってください。西にノルウェイ、東にスウェーデン、南北に長い半島。ここをスカンディナヴィア半島と言います。

まずはノルウェイの海岸線を北に向かって、ずっと辿って行ってみてください。そう、スウェーデンもフィンランドも、北のほうはノルウェイに包み込まれています。すなわち読んで字のごとく、ノルウェイとは「北への道」という意味です。お隣のスウェーデンの首都はストックホルムです。Stockholm の"holm"とは小さな島のことですから、「ストック島」ということになります。

スウェーデンの東側は、バルト海です。多くの島があり、船旅をすると、とても美しい眺めです。

エレン・ケイが生まれ育った所は、ストックホルムから海岸に沿ってずっと南のほう、バルト海に浮かぶ大きな島、ゴットランド島に面するあたりのスンズホルムという、美しい田園地帯だということです。『恋愛と結婚』などに見られる彼女の文章の、自然美にたとえる品のある文体は、少女時代への心象風景が思い出とともに書き綴られたのだろうと、私は想像しています。原体験は永遠です。

　彼女は成人してストックホルムに出て、いろいろなタイプの学校で教壇に立ちましたが、ちょうど五〇歳のときに『児童の世紀』を世に送りました。

『児童の世紀』の最初のページに、「人びとは、新しい世紀は必ずや唯一のもの、すなわち平和をもたらしてくれるであろうと感じた」（荒井訳）という文面が見られるのですが、日本やドイツをはじめ多くの国々は、戦争につぐ戦争を続けることになってしまいました。悲しくも愚かな戦争の世紀です。多くの人びとに大悲劇をもたらした戦争です。

　ところでスウェーデンは、この二世紀のあいだ戦争をまるでやっていません。これはヨーロッパにおいて驚異的なことです。加えて、体に感じるほどの地震がないためでしょう、古い時代からの建物が町のあちらこちらに残っています。これが味わいのある景観となっています。

『児童の世紀』の中に記されている、いくつかの心あたたまる文章を取り出してみて、じっくりと味わってみることにしよう。

なお原典は、“The Century of the Child” G.P. Putnam’s Sons, New York, 1909 である。

ちなみに、原田　實が一九一〇年代に取り組んだ本と、私がいま手にしているものとは同じものである。

The future which in the form of a child sleeps in their arms,
and history which plays at their feet.

未来が子どもの姿をして
親たちの腕の中で眠り、
そして歴史が
親たちのひざの上で

あそぶのである。

まずは発想の見事さに驚く。〝未来〟が親たちの腕の中でスヤスヤと眠っている。そして、いつの日にか描き出されることになるはずの〝歴史〟が、親たちのひざの上で遊んでいる、という叙述なのだ。
ウーン！　そうか、そういうことなのか！　この小さな、かわいらしい赤ちゃんのあどけない姿に、未来に描き出されることになる歴史が、かわいらしくも宿されている、というのである。

There is an old pedagogical maxim, "Man learns for life not for school."

教育についての
古くからの格言がある。
「人は人生のために

学ぶのであって、
学校のために
学ぶのではない。」

We must carefully treat the fine threads in the child’s soul
because these are the threads that one day will form the woof of world events.

われわれは子どもの心に、
美しい糸をていねいに
織り込まなければならない。
なぜなら、いつの日にか、
これらの糸が
世界のもろもろを包む布として
織りあがることになるからだ。

To bring up a child means carrying one's soul in ones hand,
setting one's feet on a narrow path.

子どもを育てるということは、
子どもが自分自身の心を
自分自身の手で握り、
自分自身で細道をかき分けながら
歩んで行くようすることである。

エレン・ケイの文章を、ときどきひもとくことをお勧めしたい。日本の保育界にあって何かを語るような立場にある人たちには、特にお勧めしたいと思う。エレン・ケイの文章を読み込んでいくと、発想が見事に飛躍していることに気がつく。エレン・ケイが残した名言には、われわれの心をも飛躍させる力がある。

保育園で“堆肥”をつくっている！　エコロジーそのものだ。
Sweden

29

成人を「成長の完遂」とか「完成された成長」と
考えるから、児童を欠如態とみなしてしまう

『保育に生きる　珠玉のことば』
～保育がもっと好きになる～
フレーベル館　二〇一四年

ジョン・デューイというアメリカの教育哲学者

ヨーロッパの古い世界から独立し、新大陸に新しい国としてつくられたアメリカ合衆国。その新しい世界にふさわしい哲学を築いていった人たちの一人、特に初等教育や幼児保育の面で、実践の伴った理念をつくるのに努力したのがジョン・デューイという人でした。

彼は一八五九年に生まれましたが、この年には、かの有名なダーウィンの『種の起源』が刊行されています。翌々年には、リンカーンが大統領に当選し、その年に南北戦争が始まっています。亡くなったのは第二次世界大戦が終結した後の一九五二（昭和二七）年のことです。

その頃の日本は、初めて民主主義らしい民主主義を味わい、かつ学んでいたのですが、デューイの教育哲学は、日本の多くの思想家、教師、学生たちによって熱心に読まれました。ですから、日本の教育の面におけるデューイの影響は、とても大きなものがあったと思われます。

なお、日本の幼児保育のルーツはフレーベルにあると言われています。しかし、古典的傾向の強いフレーベルの理念に、新しい社会にあって、より生命感を与えたのが、アメリカにおけるデューイたちによる研鑽であり、また実践であったということを心に留めておいてください。

「成長の第一条件は未成熟である」という、ものの見方の大転換

「え！ これは、どういうこと？」と言いたくなるような、右の文章が目に飛び込んできます。これは、デューイの"DEMOCRACY AND EDUCATION"（『民主主義と教育』）という本の「成長としての教育」という章に示された文章です。

彼は未成熟（immaturity）というものを、「単なる空虚ないし欠如を意味するのではなく、何か積極的なものを意味している」と書き始めます。それでは、空虚でもなく、欠如でもなく、積極的なものとしての未成熟とは、一体どんなものだろう、ということになります。

「未成熟は成長の可能性を意味するというとき、後になって生ずる力が欠如していることを指示しているのではなく、現在積極的に存在している勢力――発達す

る能力——を表現しているのである。」

すなわち、成人を「成長の完遂」とか「完成された成長」と考えるから、児童を欠如態とみなしてしまうのだ、と言うのです。このようなデューイの見解、考えてみると実に見事ですね。

この著書は、フレーベル館の月刊誌『保育ナビ』(二〇一一年度)に、十二回にわたって執筆したものをまとめたものである。

保育史上、有名な人物による育児思想あるいは保育思想をすくいあげ、毎月一人ずつ、それぞれの考え方を取り上げて書いていった。次の十二名である。

1 ジャン゠ジャック・ルソー
2 エレン・ケイ
3 フリードリッヒ・フレーベル
4 柳田国男
5 セルマ・ラーゲルレーヴ

6　ウィリアム・モリス
7　伊沢修二
8　ロバート・オーウェン
9　貝原益軒
10　ジョン・デューイ.
11　バードランド・ラッセル
12　倉橋惣三

この十二名それぞれの「子ども論」あるいは「子育て論」とは、およそどんなものなのか、おぼろげながらも頭の中によみがえってくるだろうか。十二名とも著名な思想家、あるいは実践家であることは言うまでもない。

ところで、本書のエピローグの中に、私は次のような文章を書き付けた。

「タイトルにつかわれている〝珠玉〟ということばですが、〝珠〟は真珠のことで、〝玉〟は宝石のこと。それを合わせた〝珠玉〟とは、見事な詩や文章を讃(たた)える場合につかわれます。

〝珠玉のことば〟とは心から感嘆するフレーズのことで、それ自体はすぐに役立つものではないのですが、心の中に宿ることによって、しぜんに豊かな実りをもたらしてくれるものではないでしょうか。保育の世界にも、このようなセンスが広まっていけば、と願うのです。」

という感覚でこの本を書き上げたのだが、出版社の別のサイドから、タイトルについてのクレームがついた。すなわち「保育に生きる珠玉のことば」を「保育に役立つ珠玉のことば」といったようにせよ、という趣旨のクレームである。

保育関係の出版社は、本を出すときにはおおむね「保育に役立つ」とか「すぐに使える」といったインスタント食品まがいの宣伝文をつけるのだが、このようなネーミングからはそろそろ卒業すべきである。本物の育児、本物の保育、本物の生活文化に、大きく一歩近づくべき時期に来ていると思うからだ。

結局、編集長殿の知恵で、サブタイトルとして「保育がもっと好きになる」という名文を付けることによって、このことは一件落着とは相成（あいな）った。めでたし、めでたし、である。私としては、「保育がもっと本物になる」がいいかな？　などと心の中で思ったりもしたが……。次の機会にでも、そうしてみよう。
この本の中の柳田国男の項に、「ままごと」について少しばかり書いたので、次に引用しておくことにする。「ままごと」は、遊びの原点である。

大学の講義で学生諸君に、「ままごとは、どうしてままごとと言うのだと思う?」と聞くと、「ママの真似をするから」なんていう答えが返ってくるようになってしまいました。いくらなんでも、大いなるショックです。

私は、「大きな辞書を引いてごらん」と言います。どの辞書にも「飯事（ままごと）」と書いてあります。ついでに「ごと」とは、現代の「ごっこ」のこと。

ごちそうをかいがいしく作り、心を込めておもてなしをするという行為は、それを見ている子どもたちとっては、魅力そのものだったことがわかります。「ままごと」は、古くから伝えられてきた遊びの中でも、チャンピオンといってよいのかもしれません。

参考：柳田国男著『こども風土記』岩波文庫

子どもにとって、アートとは？　人生にとって、アートとは？
Sweden

30

全国各地のメンバーによるゼミナールや、北欧諸国との比較保育的な姿勢で考えて

『保育者のための50のキーワード』
～のびのび園生活への提言～
明治図書　二〇一五年

本書の刊行元である明治図書からは「シリーズ・保育園生活のデザイン」という通しのタイトルで、次の十二冊の本を連続して刊行させていただきました。

1 魅力ある保育園づくりへ
2 乳児保育のたのしみ方
3 広がる保育園への道しるべ
4 すてきな保育園の環境づくり
5 手づくり保育を楽しもう
6 保育のフィロソフィーが面白い
7 若いカップルに親しまれる園へ
8 幼児保育への新しい地平線
9 園を明るい子育てサロンへ
10 ファミリー・サポートの保育園
11 園生活における「知育」
12 明るい園生活のための意識改革

全十二巻の中で主張したさまざまな見解のうち主要なものを抽出して、さらに新たな一冊を刊行させていただくことになりました。内容については七つの章に分類してみました。保育に関係する方々には特に考えていただきたいという思いからです。

Ⅰ　園舎をすてきな生活空間へ
Ⅱ　園庭を、みどりの園（その）へ
Ⅲ　保育内容を、よりチャーミングに
Ⅳ　うれしい会話、豊かなおつきあい
Ⅴ　さまざまな遊び、知育への工夫
Ⅵ　子どもの個性に注目し，保育者の個性を生かす
Ⅶ　社会から敬愛される園へ

ここで、本書が取り上げた「50のキーワード」を列挙してみることにする。いろいろな角度から考えたうえでの〝キーワード〟である。

もし、読者諸兄姉のどなたかが、「へェー、こういったものがこれからの乳幼児保育のキーワードになるんだ！」などとびっくりして、うなずいてくださるならば、小生としては心からのエールをお送り申し上げたく。かつ、お互い乳幼児保育を現代文化のかれんな花として、より心を込めて愛していきたく……。

のびのび園生活への提案〜50のキーワード

1 〝美〟を保育のテーマに
2 窓辺のセンス・アップ
3 インテリアとしての壁面
4 広い窓からの借景
5 食事をするための部屋
6 スタッフ・ルームの充実
7 保育者にとっての快適環境
8 園庭は、みどり豊かに
9 四季おりおりに美しい園庭
10 園庭を、遊びの宝庫に
11 ふるさとの景色を背景にして
12 四季の自然と年中行事
13 春・夏・秋・冬を、たっぷりと感じて
14 日常の生活文化を豊かに
15 食事を保育内容の中心に

おだやかな保育の雰囲気をはぐくんでいる北欧の国々には何回も何回も出かけて行き、日本中あちこちの園に出かけては考えに考えて、人間の文化の芽生えとしての保育の文化のキーワードを、このような形で考えてみたのだが……。

「さあ、いらっしゃい。子どもたちのためを考えて
暮らしていきましょう。」（フレーベルの言葉）
Germany

保育思想の流れ	
世界	日本
(独) **Friedrich Wilhelm August Fröbel** 1782〜1852 ●『人間の教育』(1826) ● Kindergarten の創設(1840)	**大原 幽学** 1797〜1858 ●農村の改良 ●換え子教育 ●『微味幽玄考』
(瑞典) **Ellen Karolina Sofia Key** 1849〜1926 ●『児童の世紀』(1900) ●『恋愛と結婚』(1903)	**中村 正直** 1832〜1891 ●東京女子師範学校摂理(1875) ●附属幼稚園を開設(1876)
(瑞典) **Selma Ottilia Lovisa Lagerlöf** 1858〜1940 ●『ニルスの不思議な旅』(1906-07)	**関 信三** 1843〜1880 ●附属幼稚園監事(1876) ●フレーベルを翻訳
(米) **John Dewey** 1859〜1952 ●『学校と社会』(1899) ●『民主主義と教育』(1916)	**倉橋 惣三** 1882〜1955 ●『幼稚園雑草』(1926) ●『育てのこころ』(1936) ●『フレーベル』(1939)
(米) **Helen Heffernan** 1896〜1987 ●『保育要領・試案』(日本)(1948)	**原田 實** 1890〜1975 ●翻訳『児童の世紀』(1916) ●翻訳『恋愛と結婚』(1920)

社会のできごと（世界・日本）	年号	
アメリカ独立宣言	1776	江戸時代
フランス革命	1789	
寛政異学の禁	1790	
シーボルト鳴滝塾の開設	1824	
マルクス，エンゲルス『共産党宣言』	1848	
ペリー浦賀に来航	1853	
ダーウィン『種の起源』	1859	
アメリカ南北戦争	1861〜65	
大政奉還	1867	明治時代 1868〜1912
普仏戦争	1870〜71	
学制発布	1872	
東京女子師範学校に附属幼稚園を設置	1876	
大日本帝国憲法発布	1889	
教育勅語発布	1890	
日清戦争	1894〜95	
日露戦争	1904〜05	
日韓併合	1910	大正時代 1912〜1926
第一次世界大戦	1914〜18	
ロシア革命	1917	
シベリア出兵はじまる、米騒動	1918	
ワイマール憲法制定	1919	
国際連盟発足	1920	
ソビエト連邦成立	1922	
関東大震災	1923	
男子普通選挙制成立、治安維持法制定	1925	
幼稚園令	1926	昭和時代 1926〜1989
ブラック・サーズデー（暗黒の木曜日）	1929	
満州事変	1931	
ヒトラー首相就任	1933	
日中戦争（支那事変）、日独伊三国防共協定	1937	
第二次世界大戦	1939〜45	
日独伊三国同盟	1940	
国民学校令	1941	
ポツダム宣言受諾	1945.8	
国際連合発足	1945.10	
日本国憲法公布	1946.11.3	
教育基本法公布	1947	
児童福祉法施行	1948	
朝鮮戦争	1950.6〜	
サンフランシスコ講和条約締結	1951	

エピローグ

あの頃から、半世紀もの年月（としつき）が過ぎた。当時は、インタナショナルな学校に関係したり、いまだ注目されていなかった北欧に関心を持ったり、幼児保育のほうに注目すべきことを心に決めたり。

トゥリグヴェ・オールマン君（カロリンスカ医科大学のドクター）とおつきあいをするようになったのは、二人とも二〇代（はたち）だった。以後、彼の存在によって、しばしばストックホルムを訪問するようになった。「ＮＰＯほいくゼミナール・21」も少しずつ充実し、メンバーは北欧の園をあちこちと訪ね歩いた。

本書の刊行は、新読書社社長の伊集院郁夫氏の御好意による。掲載された写真は、ＮＰＯのメンバー諸氏からの提供による。北欧のマップは土橋公洋君、年表は六本木唯君の労による。すべて、多謝（Tack så mycket!）である。

二〇一八年　晩秋

Dr. Tryggve Årman 君と　Stockholm にて

〔著者紹介〕

荒井　洌（あらい　きよし）

1939年　福島県郡山市生まれ
現　在　白鷗大学名教授
　　　　NPOほいくゼミナール・21リーダー

〈著書〉

『倉橋惣三　保育へのロマン』フレーベル館
『保育に生きる　珠玉のことば』　〃
『園をみどりのオアシスへ』　〃
『シリーズ・保育園生活のデザイン』（全12巻）明治図書
『保育者のための50のキーワード』　〃
『スウェーデン　水辺の館への旅』冨山房インターナショナル
『エレン・ケイ「児童の世紀」より　ことばの花びら』　〃
ほか

教養得本

保育のロマン街道

二〇一八年十二月七日　初版一刷

著　者　荒井　洌
発行者　伊集院郁夫
発行所　㈱新読書社
〒一一三―〇〇三三
東京都文京区本郷五―三〇―二〇
電話　〇三（三八一四）六七九一

組版　藤家敬　印刷　日本ハイコム㈱

定価はカバーに表示してあります

落丁・乱丁はお取替します

ISBN 978-4-7880-0058-2

新読書社の本

吉田　真　網の中の人間模様　～おもしろ人間関係学　本体一二〇〇円

ちよはらまちこ　家族ごっこ　～世にも不思議な母娘の話　本体一二〇〇円

ちよはらまちこ　しあわせは少しだけあればいい　本体一二〇〇円

今村恵美子
谷津智恵美
渡邉保博　トイレすらひとりになれない母親業　本体一二〇〇円

宍戸健夫　保育の散歩道　本体一二〇〇円